BEI GRIN MACHT SICH
WISSEN BEZAHLT

- Wir veröffentlichen Ihre Hausarbeit,
  Bachelor- und Masterarbeit

- Ihr eigenes eBook und Buch -
  weltweit in allen wichtigen Shops

- Verdienen Sie an jedem Verkauf

Jetzt bei www.GRIN.com hochladen und kostenlos publizieren

Fenja Falkenthal

Die Wirkung des Eventmarketings in der Markenkommunikation

GRIN Verlag

Bibliografische Information der Deutschen Nationalbibliothek:

Die Deutsche Bibliothek verzeichnet diese Publikation in der Deutschen National-
bibliografie; detaillierte bibliografische Daten sind im Internet über http://dnb.d-
nb.de/ abrufbar.

Impressum:

Copyright © 2008 GRIN Verlag GmbH
Druck und Bindung: Books on Demand GmbH, Norderstedt Germany
ISBN: 978-3-640-24619-9

Dieses Buch bei GRIN:

http://www.grin.com/de/e-book/120658/die-wirkung-des-eventmarketings-in-der-
markenkommunikation

Diplomarbeit

European Management Academy, Paris

Die Wirkung des Eventmarketings in der Markenkommunikation

am Euro-Business-College Berlin

Vorgelegt von: Fenja Falkenthal

Studiengang: Tourismus und Event Management 2005

EMA; am Euro-Business-College Berlin

Eingereicht am: 14. April 2008

II

Die Wirkung des Eventmarketings in der Markenkommunikation

Inhaltsverzeichnis

1 Einleitung

'They will forget what you said, but they will never forget how you made them feel.' (CARL W. BUECHNER)[1]

Schnelllebigere Trends, immer mehr Produktvariationen die gegeneinander ausgetauscht werden können, immer mehr Unternehmen die auf den Markt strömen und die immer feinere Segmentierung der Zielgruppen sind nur einige Aspekte der veränderten Rahmenbedingungen mit denen sich die heutige Marketingkommunikation auseinandersetzen muss.

Diese verschiedenen Trends machen das Marketing der einzelnen Unternehmen nicht einfacher. Die zunehmenden Informationsüberlastungen durch hunderte von Artikelvarianten, Werbespots, Slogans und Plakaten steigern die Relevanz sich von einander abzuheben und sich durch neue Marketingstrategien von anderen zu differenzieren.

In der heutigen Zeit ist es auffällig, dass Kunden und Konsumenten immer weniger auf traditionelle Marketinginstrumente reagieren.

Unternehmen fällt es dadurch immer schwerer ihren Zielgruppe entsprechend anzusprechen, wodurch sie immer auf der Suche nach neuen innovativen Kommunikationsinstrumenten sind. Marketees und Unternehmen gehen deshalb immer mehr in die Richtung – nicht mehr nur die Marke oder das Produkt zu vermarkten - sondern das Produkt und die Marke fühlbar und erlebbar erscheinen zulassen.

„Virtuality meets Reality", „Hin zum Selbsterlebnis", „stärkeres Involvement", „ungewöhnliche Erlebnisse", „Kommunikation im Raum", „weg von Standardlösungen" und „Interaktionsprozesse" sind Schlagwörter, Trends und Modeströme die von der Live-Marketing Agentur Vok Dams durch Befragungen ermittelt wurden und die Notwendigkeit des Event- und Live Marketings in den Unternehmen unterstützt.

In den heutigen Strategien werden eher Wörter, wie „Authentizität" und „Werteorientierung" verwendet. Die früher eingesetzten Marketingstrategien die

---

[1] http://www.worldofquotes.com/author/Carl-W.-Buechner/1/index.html, zugegriffen 23.01.2008

den traditionellen Trend „schneller, höher, weiter"[2] widerspiegeln, kommen immer seltener vor. Es wird eher nach „sinn-voller, marken-affiner und origineller"[3] gesucht.

Kunden sollen nicht nur individueller angesprochen werden, sondern sollen mit einbezogen und interaktiv integriert werden.

Denn wie Konfuzius schon sagte:

„Sage es mir, und ich vergesse es,

zeige es mir, und ich erinnere mich,

lass es mich tun, und ich behalte es"

(Konfuzius, 551 – 479 v. Chr.).

Durch die Überflutung von Reizen und die Austauschbarkeit der Produkte werden Momente in denen der Kunde selbst involviert ist immer wichtiger. In den Köpfen der Konsumenten sollen sich Marken oder Produkte von selbst verankern. Um sich von den „Me-too" Produkten, die zu tausenden auf den Markt strömen zu unterscheiden, müssen in Zukunft Produkte und Marken emotional erlebbarer werden.

Es erfolgt jedoch nicht nur eine Veränderung auf den Märkten, sondern auch ein Wertewandel in der Gesellschaft. Es zeigen sich immer mehr Tendenzen zur „Emotionalisierung" und die Forderung der Kunden stärker involviert zu werden.[4] Die Unternehmenskommunikation muss sich neu orientieren.

Die Veränderung des Verbraucherverhaltens, die immer mehr zum Erlebniskonsum tendieren ist unübersehbar.

Der Freizeit wird in der heutigen Zeit eine immer größer werdende Bedeutung zu gesprochen, die nach Jan Drenger [5] einen zunehmenden Anteil in der Lebenszeit bekommt. Das empfinden die meisten Beschäftigen zurzeit noch nicht, für sie ist Freizeit noch Mangelware. Aufgrund dieser Empfindung wird es

---

[2] Colja M. Dams, 2007, Vok Dams Studie, Die Megatrends im Live-Marketing, S. 7 / S. 20

[3] Colja M. Dams, 2003, Vok Dams Studie, S. 20, siehe a. a. O.

[4] Colja M. Dams, 2003, Vok Dams Studie, S. 20, siehe a. a. O.

[5] vgl. Jan Drenger, 2006, Imagewirkung von Eventmarketing, Entwicklung eines ganzheitlichen Messansatzes, Deutscher Universitätsverlag, 2. Auflage, S. 11

zunehmend wichtiger, die gefühlsmäßig weniger werdende Freizeit, so aufregend wie möglich zu gestalten.

Die Strömungen zum genuss- und erlebnisorientierten Lebensstil und die verstärkten Selbstentfaltungsansprüche werden durch gestiegene Ausgaben für Freizeit, Unterhaltung und Kultur verdeutlicht (vgl. Statistisches Bundesamt, 2002, S. 126).[6]

Erfolgsorientierte Unternehmen setzen daher immer mehr auf erlebnisorientierte, interaktive Kommunikation. Durch exklusiv inszenierte Markenwelten bzw. Events wird versucht die Kunden emotional und interaktiv an die Marke zu binden und den Erinnerungsfaktor an das Unternehmen zu maximieren.

Es geht darum, die Konsumenten durch die erlebnisorientierte Kommunikation auf allen drei der psychologischen Ebenen zu erreichen.

Die erste Ebene, der kognitiven Ebene, bei der es um die Beeinflussung der Informationsaufnahme, der Informationsverarbeitung und der Informationsspeicherung der Teilnehmer und Konsumenten geht.

Auf der zweiten, affektiv orientierten Ebene sollen Emotionen bei den Konsumenten bzw. Teilnehmer ausgelöst werden. Der Teilnehmer wird Element des Ereignisses, was möglicherweise eine stärkere Emotionalisierung hervorrufen könnte, als bei der klassische Kommunikation.

Die dritte Ebene ist die konative Aktivierung, die sich auf die Handlung der Teilnehmer bezieht. Es geht auf der einen Seite um die Handlungsaktivierung vor dem Event, dass die Konsumenten überhaupt teilnehmen lässt, aber auch um die Handlungen während des Events.

Ist es nicht in Wirklichkeit so, dass man sich eher involviert und angesprochen fühlt, wenn man persönlich handeln und interagieren kann. Ist dann das eigene Erinnerungsvermögen nicht viel größer?

Überlegen sie einmal für sich: erinnern sie sich an den letzten Werbespot oder eher an das letzte Event an dem sie teilgenommen haben? Ich denke, die

---

[6] Vgl. Prof. Dr. Manfred Bruhn, 2005, Unternehmens- und Marketingkommunikation, Franz Vahlen Verlag, S. 1047

Antwort auf diese Frage ist das Event, da die erlebnisorientierte, interaktive Kommunikation stärker im Gedächtnis bleibt.

Das Marketinginstrument das die oben aufgeführten Challenges bewältigen soll, ist das Event-Marketing.[7] Es wird als eigenständiges, erlebnisorientiertes Kommunikationsinstrument in der integrierten Marketingkommunikation verstanden.[8] Es bewegt sich im Marketing-Mix als ein vielseitiges und übergreifend einsetzbares Instrument auf einer hohen Trendwelle.[9]

Die Bedeutung des Eventmarketings ist in dieser Beziehung nicht nur durch die überproportional inszenierten Veranstaltungen zu merken, sondern auch durch die große Anzahl von praxisorientierter Veröffentlichungen.

Events sind heute in aller Munde. Alles was passiert und inszeniert wird sind Events, doch was ist die Wirkung dieser Veranstaltungen in Bezug auf die Markenkommunikation. Ist dieser Trend eine Langzeit Orientierung oder nur eine kurzzeitige Modeerscheinung?

Das Zitat: „Creating differential advantage through emotional benefits is one of the keys to market success"[10], trifft die Situation auf den Märkten in den letzten Jahren sehr gut. Die Konsumenten müssen sich persönlich und emotional angesprochen fühlen und wollen interaktiv mit einbezogen werden.

Durch Events zu kommunizieren, bedeutet die Konsumenten mit einzubeziehen und das Einkaufen zum Erlebnis werden zu lassen. Ein Event hat die Möglichkeit den Konsumenten emotional mit dem Unternehmen, deren Marken und Identity zu verbinden. Events schaffen ein erlebnisorientiertes Umfeld, dass das Bewusstsein der Konsumenten aktiviert und das Involvement der einzelnen erhöht.

---

[7] Vgl. Frank Sistenich,1999, Event-Marketing, Ein innovatives Instrument zur Metakommunikation in Unternehmen, Deutscher Universitätsverlag, S. 1

[8] Vgl. Prof. Dr. Cornelia Zanger, 2007, Eventmarketing als Kommunikationsinstrument – Entwicklungsstand in Wissenschaft und Praxis, in Event-Marketing, Grundlagen und Erfolgsbeispiele, Hrsg. Dr. Oliver Nickel, Franz Vahlen Verlag , 2. Auflage, S.2

[9] Vgl. Gerd Nufer, 2006, Event-Marketing, Theoretische Fundierung und empirische Analyse unter besondere Berücksichtigung von Imagewirkung, Deutscher Universitäts- Verlag, 2. Auflage, S. 1

[10] http://www.warc.com/Search/WordSearch/Results.asp zugegriffen 15.01.2008

Marken werden immer häufiger zu gestalterischen Komponenten und rücken im Sinne des Unternehmenserfolges immer stärker in den Mittelpunkt. Der Markenwert wird häufig als erstes von Unternehmen veröffentlicht und befindet sich im Abschlussbericht meist ganz am Anfang. Die Marke wird immer mehr der Wertschöpfer eines Unternehmens und erreicht somit einen sehr hohen kulturellen Wert.[11]

Da Eventmarketing lediglich Sinn macht, wenn es sich um die Kommunikation von Markenprodukten handelt, wird im Weiteren davon ausgegangen, dass es sich dabei um ein integriertes Kommunikationsinstrument von Unternehmen handelt, die als Markenartikler gelten.

In der Vorliegenden Arbeit werde ich mich mit der Wirkung des Eventmarketings in der Markenkommunikation auseinandersetzen.

Zu Beginn meiner Ausführung befasse ich mich mit den theoretischen Aspekten des Eventmarketings und der Markenkommunikation.
Im weitern Verlauf der Arbeit werden verschieden Beispiele aufgezeigt wie Unternehmen das Eventmarketing einsetzen.
Eine zukunftsorientierte Meinung für den Markt erfolgt im Schlussteil.

---

[11] Vgl. Dr. Oliver Nickel, Prof. Dr. Franz-Rudolf Esch, 2007, Markentechnische und verhaltenswissenschaftliche Aspekte erfolgreicher Marketing Events, in Event Marketing, Hrsg. Prof. Dr. Oliver Nickel, Franz Vahlen Verlag, 2. Auflage, S. 53

2   Veränderungen der Zeit

„So wie der Körper der Übersetzer der Seele ins Sichtbare ist, ist die Markenkommunikation der Schlüssel zu Psyche der Verbraucher." (Christian Morgenstern)[12].

Kommunikation im Marketing hat die Aufgabe Marken wirkungsvoll in den Herzen und Köpfen der Konsumenten zu verankern.

Ist diese nachhaltige Effizienzsteigerung durch Kommunikation jedoch in den letzten Jahren gelungen, ist nicht eher das Gegenteil eingetreten?[13]

Befindet sich der Marketingmarkt im Moment nicht in einem Übergang vom Produktwettbewerb zum Markenwettbewerb, bzw. Kommunikationswettbewerb?

Die Kommunikation wird als das best geeignete Marketinginstrument beurteilt. Es hat die Aufgabe Marken, Produkte und Dienstleistungen auf den heute häufig gesättigten und ausgereiften Märkten voneinander zu differenzieren, doch anscheinend scheitern die Unternehmen immer deutlicher daran.[14] Wer kann sich heute noch an einen bestimmten Werbespot im Fernsehen erinnern oder an eine Anzeige in der Zeitung?

Es lassen sich seit einigen Jahren Veränderungen in der Gesellschaft und auf den Märkten beobachten, „die zur Etablierung des Eventmarketings beigetragen haben"[15]. Durch politische, kulturelle Veränderungsprozesse und deren soziologischen und psychologischen Auswirkungen, eröffnen sich im Marketing und speziell in der Kommunikationspolitik Fragen zu deren Lösungen innovative Konzepte und Ideen erforderlich sind.[16]

---

[12] Vgl. Dr. Christain Schleier und Dirk Held, 2007,Was Marken erfolgreich macht, Neuropsychologie in der Markenführung, Rudolf Haufe Verlag GmbH, Plannegg München, S. 8

[13] Vgl. Dr. Christain Schleier und Dirk Held, 2007, S. 7, siehe a. a. O.

[14] Vgl. Jan Drenger, 2006, Imagewirkung von Eventmarketing, Entwicklung eines ganzheitlichen Messansatzes, Deutscher Universitätsverlag, 2. Auflage, S. 13

[15] Vgl. Gerd Nufer, 2006, Event-Marketing, Theoretische Fundierung und empirische Analyse unter besonderer Berücksichtigung von Imagewirkung, Deutscher Universitäts- Verlags, 2. Auflage, S. 9

[16] Vgl. Gerd Nufer, 2006, S. 9, siehe a. a. O.

2.1 Veränderungen der Konsumentengesellschaft

„Wer die Zukunft gestalten will, muss die Vergangenheit verstehen" (aus dem Film Magnolia, 1999)

Die Werte der Gesellschaft haben sich geändert. Früher wurden die Werte, übertragen durch die Kommunikation mit den Eltern, als Konstante nicht zu hinterfragende Leitlinie hin genommen. Doch seit den 60iger Jahren änderte sich das. Alte materielle Werte werden durch neue postmaterielle Werte abgelöst.[17]

Von der Nachkriegszeit geprägt war die Werteskala dominiert von „Hoher Wertschätzung der Berufspflicht", „Leistung und hohem Einkommen", Wohlstand, Besitz und Karriereaufstieg. Nicht das Individuum und seine besonderen Wünsche standen im Vordergrund, sondern eher die Pflicht der Gemeinschaft Genüge zu tun.[18] Heute steht eher die Verwirklichung der einzelnen Individuen ganz im Vordergrund.

Lebenslust gepaart mit Erleben, Spaß und Abenteuer sind heute die Werte die den Menschen dominieren.

Voraussetzung ist natürlich eine Befriedigung materieller Werte für die Entfaltung postmaterieller Werte.[19]

Jedoch nicht nur der Wertewandel ist essentiel für das Umdenken in den Marketingabteilungen, sondern auch der grundlegende Wandel der Konsumenten im Umgang mit Marken und deren Kommunikation ist entscheidend.

Die Konsumenten haben „aufgerüstet", denn sie sind wissender, selbstbewusster und autonomer geworden. Ein negativer Effekt kann bedeuten, dass Werbung immer öfter reflexartige Gegenwehr oder Gleichgültigkeit bei den Konsumenten auslöst.[20]

---

[17] Vgl. Brigitte Holzhauer, 2007, Marktbeobachtung – Trendsignale zeitig erkennen und Marktchancen nutzen, Cornelson Verlag Scriptor GmbH & Co. KG, 1. Auflage, S. 10

[18] Vgl. Georg W. Oesterdiekhoff, Norbert Jegelka, 2001, Werte und Wertewandel in westlichen Gesellschaften, VS Verlag, S. 7

[19] Vgl. Brigitte Holzhauer, 2007, S. 14, siehe a. a. O.

[20] Vgl. Dr. Christian Schleier und Dirk Held, 2007, Was Marken erfolgreich macht, Neuropsychologie in der Markenführung, Rudolf Haufe Verlag GmbH, Plannegg München, S. 7

Das geschieht durch die Informationsüberlastung bzw. –überschuss, die durch die stetig steigende klassische Marketingkommunikation verursacht wird.

„Zwar stieg die Mediennutzungsdauer der Bevölkerung jedoch steht diesem ein überproportionales Wachstum der Medienangebotes gegenüber[21] (Fernsehsender stiegen von einer Anzahl von 9 auf 156 in den Jahren von 1960 bis 2004, aus den damaligen 8 Radiostationen wurden 331 und die Zeitschriftenanzahl verdreifachte sich im gleichen Zeitraum)"[22].

Die einzelnen Informationen werden von den Konsumenten nicht mehr aufgenommen und bewältigt. Die Menschen haben gelernt „zu überhören, zu überblättern und zu übersehen, was sie nicht interessiert".[23]

Eine Untersuchung von S. Ottler[24] hat gezeigt, das ein Drittel der Bevölkerung eine negative Einstellung zur Werbung hat. Da ist es nicht überraschend, dass die meisten Konsumenten den erhöhten Werbedruck als störend empfinden. Es scheint plausibel, dass ein zunehmender Werbedruck zu einer sinkenden Akzeptanz gegenüber der klassischen Kommunikation führen kann. Diese Art der Verneinung wird auch Vermeidungshaltung genannt. Ein Vermeidungsverhalten führt letztlich zu einem schwachen Erinnerungsvermögen an die Kommunikationsmaßnahme. Die Werbewirkung scheint hier nicht eingetreten zu sein.[25]

Wie schon in der Einleitung kurz angedeutet bekommt auch die Freizeit bei den Menschen eine immer stärkere Bedeutung zu geschrieben. Die Abgrenzungen zwischen Arbeit und Freizeit, ebenso wie die von Daheim und Unterwegs werden immer durchlässiger.[26]

---

[21] Vgl. Max Kaase, 2001, Massenkommunikation und Massenmedien, Gabler Verlag, S. 468

[22] Vgl. Jan Drenger, 2006, Imagewirkung von Eventmarketing, Entwicklung eines ganzheitlichen Messansatzes, Deutscher Universitätsverlag, 2. Auflage, S. 14

[23] Vgl. Saskia M. Scharfe, Prof. Dr. Marian Paschke, 2006, Eventmarketing – Urheber- und gewerblicher Rechtsschutz, Deutsches – und Internationales Wirtschaftsrecht, , LIT Verlag Hamburg, Band 46, S. 5

[24] Vgl. Simon Ottler, 1998, Zapping: Zum selektiven Umgang mit Fernsehwerbung und dessen Bedeutung für die Vermarktung von Fernsehwerbezeit, Deutscher Universitätsverlag, S. 170

[25] Vgl. Jan Drenger, 2006, S. 14-15, siehe a. a. O.

[26] Vgl. Brigitte Holzhauer, 2007, Marktbeobachtung – Trendsignale zeitig erkennen und Marktchancen nutzen, Cornelson Verlag Scriptor GmbH & Co. KG, 1. Auflage, S. 76

Gerade deshalb ist es heute umso wichtiger den Konsumenten Alternativen zu schaffen, in denen sie etwas erleben und interaktiv eingebunden werden und somit aus dem Alltag entfliehen können.

Die angedeuteten Probleme in der heutigen Unternehmenskommunikation zeigen, dass sich Firmen durch innovative Kommunikationsmittel differenzieren müssen um den gewünschten Effekt bei den Konsumenten zu erreichen.

2.2 Veränderungen auf den Märkten

„Wenn die Menschen nur einkaufen gehen würden, weil sie etwas brauchen, und wenn sie nur kaufen würden, was sie brauchen, wäre die kapitalistische Wirtschaft längst zusammen gebrochen. Auf den Märkten der westlichen Welt wird also um Kunden Konkurriert, die im Grunde schon alles haben was sie brauchen" (Bolz, Das konsumistische Manifest)[27].

Produkte über Produkte, Variationen in allen Richtungen, alles anders und doch irgendwie gleich, so strömt es uns in den Regalen und Displays entgegen.

Darum ist es gerade auf den zunehmend gesättigten Märkten wichtig an die Emotionen der Konsumenten zu appellieren, damit sie die Produkte, die weitgehend als ausgereift und qualitativ ähnlich bzw. austauschbar gelten, kaufen.[28]

Durch die heutige hoch technisierte Produktherstellung kann sich der Kunde weitgehend auf die Qualität der Produkte verlassen. Er scheint durch den Produktnutzen nicht mehr hinreichend aktiviert zu werden, wodurch der emotionale Zusatznutzen eine höhere Bedeutung für ihn bekommt.[29]

Es geht darum den Konsumenten auf der emotionalen Ebene anzusprechen. Als Konsequenz aus den angedeuteten veränderten Bedingungen ist ein Reagieren der Unternehmen unabdingbar. Es ist für sie von essentieller Bedeutung, dass eine Verschiebung von der klassischen Kommunikation zur innovativen Kommunikation erfolgt.

---

[27] Vgl. Brigitte Holzhauer, 2007, , Marktbeobachtung – Trendsignale zeitig erkennen und Marktchancen nutzen, Cornelson Verlag Scriptor GmbH & Co. KG, 1. Auflage, S. 120

[28] Vgl. Prof. Dr. Thomas Foscht und Prof. Dr. Bernhard Swoboda, 2007, Käuferverhalten, Grundlagen – Perspektiven – Anwendungen, Gabler Verlag, 3. Auflage, S. 30

[29] Vgl. Saskia M. Scharfe und Prof. Dr. Marian Paschke, 2006, Eventmarketing – Urheber- und gewerblicher Rechtsschutz, Deutsches – und Internationales Wirtschaftsrecht, LIT Verlag Hamburg, Band 46, S. 14

Nur wer in dem heutigen reiz- und informationsüberfluteten Markt „Aufmerksamkeits-, Erinnerungs- und Erlebniswerte vermitteln kann, wird sich von der Konkurrenz differenzieren und nachhaltig Erfolg haben.

Auch das Wissen über die neue Segmentierung der Zielgruppen müssen die Unternehmen als einen entscheidenden Faktor für ihre Marketingaktivitäten mit einbeziehen.

Es ist nicht mehr nur die demographische Segmentierung relevant, sondern die sozidemographische Unterteilung, bei dem es um Einstellung, Motivation und Individualität geht.

3   Konsumentenverhalten

Wenn man den Konsumenten erreichen möchte, muss man lernen sie zu verstehen. Man muss nicht nur die Grundbedürfnisse, sondern auch die emotionalen Bedürfnisse erkennen.

"Was man benötigt ist ein ganzheitliches Verständnis des Verbrauchers, seine Motive, Wünsche und Einstellungen. Was treibt ihn wirklich an, was bestimmt seine Einstellung?"[30]

Diese Fragen müssen sich die Unternehmen stellen, um ihre Kunden effektiv anzusprechen.

3.1   Emotionen beim Konsum

Der Konsum ist Dreh- und Angelpunkt unserer heutigen Industriegesellschaft.[31] Es geht nicht nur darum zu konsumieren um die eigenen Grundbedürfnisse zu befriedigen, sondern um sich damit selbst zu identifizieren, aus dem Alltag zu entfliehen und etwas zu erleben.

„Produkte mit einem klar definierten Gebrauchswert werden zunehmend unattraktiver und durch Angebote ersetzt die einen „Erlebniswert" bieten. Es geht immer mehr darum etwas zu erleben und nicht einfach um den Konsum"[32]. Das Einkaufen selbst soll zum Erlebnis werden.

Das Ziel des innovativen Marketings sollte sein, emotionale Erlebnisse bei dem Konsumenten auszulösen, um im Wettbewerb von Marktanteilen ganz vorne mitzuspielen. Emotionen sind im zunehmenden Maße an Entscheidungen beteiligt, je ähnlicher die Produkte sind.[33]

Ist man einmal ehrlich mit sich selbst kann man bestätigen, dass man nicht immer nur rationale Einkäufe tätigt. Man verbindet die Produkte mit einem Gefühl; einem Gefühl, dass sich positiv in unserem Gedächtnis verankert und das sich dann zugunsten des Produktes auf unser Einkaufsverhalten auswirkt.

---

[30] Vgl. Rudolf Sommer, 2007, Cumsumer's Mind, Die Psychologie des Verbrauchers, Edition Horizont, Deutscher Fachverlag GmbH, S. 11

[31] Vgl. Brigitte Holzhauer, 2007, Marktbeobachtung – Trendsignale zeitig erkennen und Marktchancen nutzen, Cornelson Verlag Scriptor GmbH & Co. KG, 1. Auflage, S. 120

[32] Vgl. Prof. Dr. Georg Felser, 2007, Werbe- und Konsumentenpsychologie, Spektrum – Akademischer Verlag, 3. Auflage, S. 17

[33] Vgl. Prof. Dr. Georg Felser, 2007, S. 38/39, siehe a. a. O.

Kann dass mit Eventmarketing erreicht werden? Präferieren Kunden wirklich Marken die sie im Gedächtnis mit einem Event verbinden?

Anschauungsbeispiel – „Blind-Test"

Nehmen wir das Beispiel der beiden Getränkeherstellern „The Coca-Cola Company" und „PepsiCo. Inc."

Bei einem „Blind-Test" wurden beide Marken zur Verkostung bereitgestellt. Der Soft Drink der Marke „Pepsi" wurde von den Probanten bei verbundenen Augen bevorzugt; bei Markenkenntnis wurde jedoch das Getränk der Marke „Coca-Cola" bevorzugt.

Die Forscher McClure, Li, Tomlin, Cyoert, Montague und Montague haben durch diesen Test 2004 die Annahme unterstützt, dass in der Tat durch das Wissen um die Marke und damit durch die Aktivierung des Erlebniswertes ein objektiv anderes Produkterlebnis erzeugt wird.[34]

Man könnte daher davon ausgehen, dass die von Coca-Cola nachweißlich mit großem Ausmaße durchgeführten Events, ein positives Auswirken auf unser Markenbewusstsein haben.

Das Kommunikationsinstrument Eventmarketing hat also die Aufgabe, „das Produkt beziehungsweise die Marke bei den Konsumenten in der emotionalen Erfahrungswelt und Erlebniswelt zu verankern und ganz bestimmte Emotionen und Motive anzusprechen. In der Markenkommunikation ist es wichtig, dass die Marken und damit deren Produkte im Gedächtnis der Verbraucher ein lebendiges, assoziationsreiches und eigenständiges Bild hinterlässt"[35].

Es könnte also daraus geschlossen werden, dass ein Präferenzverhalten für die Marke Coca-Cola vorliegt, da dieses wesentlich davon abhängt, wie lebendig das innere Bild ist, dass sich der Verbraucher von dem Produkt macht.

---

[34] Vgl. Prof. Dr. Georg Felser, 2007, Werbe- und Kosumentenpsychologie, , Spektrum – Akademischer Verlag, 3.Auflage, S. 18

[35] Vgl. Prof. Dr. Thomas Foscht und Prof. Dr. Bernhard Swoboda, 2007, Käuferverhalten, Grundlagen – Perspektiven – Anwendungen, Gabler Verlag, 3. Auflage, S. 30

3.2 Psychisches Erklärungskonstrukt des veränderten Konsumentenverhaltens

Die Bedeutung der Aktivierungstechniken und damit die Herstellung stärkeren Kundenkontaktes werden durch die heute veränderten Rahmenbedingungen deutlich.

Wie schon erwähnt wird durch die vermehrte Produkt- und Markeninflation auf den Märkten die Informationsaufnahme bei den Konsumenten immer geringer. Daher erhalten die kommunikativen Maßnahmen zur Differenzierung, sowie zur Schaffung, Veränderung und Stabilisierung von Marken- oder Produkteinstellungen eine immer entscheidendere Rolle.

Die Umsetzung der Erkenntnis zur veränderten Aktivierung der Konsumenten lässt sich in der Praxis durch die vermehrte erlebnisorientierte Aktivierung beobachten.[36]

3.2.1 Aktivierung, Emotionen, Motivationen

Der Zustand psychischer Wachheit bzw. Erregung, ausgelöst durch emotionale, kognitive oder psychische Reize bezeichnet man als Aktivierung.[37]

Aktivierung stellt die Grunddimension aller Antriebskräfte dar, versorgt den Organismus mit Energie und versetzt ihn in einen Zustand der Leistungsfähigkeit und Leistungsbereitschaft.

Die aktivierenden Vorgänge werden eingeteilt in Emotionen, Motivation, und Einstellung.

„Emotionen sind innere Erregungen, die angenehm oder unangenehm empfunden und mehr oder weniger bewusst erlebt werden"[38].

Das erlebnisorientierte Marketing richtet sich konsequent nach den emotionalen Bedürfnissen, die sich im Lebensgefühl und Lifestyle der Konsumenten manifestieren.

Im Zentrum der Aktivierung steht die Vermittlung von Emotionen, die sich bei einem Konsumenten gezielt durch Kommunikationsmaßnahmen beeinflussen

---

[36] Vgl. Prof. Dr. Thomas Foscht und Prof. Dr. Bernhard Swoboda, 2007, Käuferverhalten, Grundlagen – Perspektiven – Anwendungen, Gabler Verlag, 3. Auflage, S. 30

[37] http://de.mimi.hu/marketing/aktivierung.html, zugegriffen 02.03.08

[38] Vgl. Gerd Nufer, 2006, Event-Marketing, Theoretische Fundierung und empirische Analyse unter besonderer Berücksichtigung von Imagewirkung, Deutscher Universitätsverlag, 2. Auflage, S. 125

lassen. Es ergeben sich dadurch viele Möglichkeiten in das emotionale und kognitive Verhalten einzugreifen.

Auch die Motivation spielt bei der Aktivierung eine bedeutende Rolle, denn Motive sind die Ursache jedes Verhaltens. Aus dem Motiv wächst die Motivation als Prozess, der die Menschen zum Handeln bewegt. Dies ist die eigentlich aktivierende Komponente, die auf ein Ziel ausgerichtet ist.

„Das prinzipielle Ziel der Aktivierungstechnik liegt aber vor allem in der Herstellung von engem Kundenkontakt"[39], denn nur durch die Herstellung eines engen Kontaktes, können echte Emotionen erzielt und effektive Motivationsprozesse angekurbelt werden.

Inszenierte Ereignisse in Form erlebnisorientierter Veranstaltungen und Aktionen, die den Adressaten Kommunikationsinhalte vermitteln, das heißt emotionale und psychische Reize bieten, können zu einem noch intensiveren Aktivierungsprozess führen.[40]

3.2.2 Drei-Komponenten Modell

Einstellungen, die eine erlernte und relativ stabile Bereitschaft (Prädisposition) des Konsumenten darstellen und auf bestimmte Objekte (Marken) und Personen regelmäßig bzw. gleichartig reagieren, wird in der Wissenschaft als ein mehrdimensionales Konstrukt aufgefasst, dass auch handlungsmotivierende Funktionen hat[41].

„Besitzt ein Konsument eine positive Einstellung gegenüber einem Produkt oder Marke, so wird diese positive Einstellung nicht ständig wieder hinterfragt, sondern bleibt längere Zeit gültig und bestimmt das Kaufverhalten"[42].

Events haben somit die Aufgabe nicht nur den Hintergrund eines Produktes oder Marke zu verändern, sondern auch so zu wirken, dass sich die positive Einstellung zur Marke langfristig in den Köpfen der Menschen verankert.

---

[39] Vgl. Prof. Dr. Thomas Foscht, Prof. Dr. Bernhard Swoboda, 2007, Käuferverhalten, Grundlagen – Perspektiven – Anwendungen, Gabler Verlag, 3. Auflage, S. 40

[40] Vgl. Sigrun Erber, 2005, Eventmarketing- Erlebnisstrategien für Märkte, miFachverlag, 4. Auflage, S. 53

[41] Vgl. Ingo Balderjahn, Joachim Scholderer, 2007, Konsumentenverhalten und Marketing, Grundlagen für Strategien und Maßnahmen, Schäffer-Poeschel Verlag für Wirtschaft- Steuern-Recht, S. 65

[42] Vgl. Ingo Balderjahn, Joachim Scholderer, 2007, S. 65, siehe a. a. O.

Das drei Komponenten Konstrukt stützt die Aussage, dass sich Einstellungen nicht nur auf den kognitiven und affektiven Ebenen bilden, sondern dass auch die konative Ebene eine entscheidende Rolle dabei spielt.

Das „Denken", „Fühlen/Gefallen" und das „Handeln", können nur gemeinsam wirken. Sie stimmen in harmonischer Weise miteinander überein, beeinflussen sich und stützen sich gegenseitig.

Auch wenn dieses Konstrukt noch nicht durch empirische Studien bis zum Zeitpunkt dieser Arbeit bestätigt werden konnte, werde ich es weiterhin verwenden.

Konsumenten reagieren nicht nur auf der gedanklichen und emotionalen Ebene, die Einstellungen werden auch positiv durch das Handeln unterstützt.

Aber es ist nicht nur das Handeln dass zur Teilnahme führt, sondern auch die aktive Interaktion bei einem Event, dass einen nachhaltigen positiven Effekt auf die Teilnehmer und Konsumenten hat.

Die Kommunikation, bzw. in diesem Fall das Event muss also auf der Ebene des Kopfes (kognitive), des Herzens (affektiv) und der Hand (konativ) wirken.

3.2.3 Kognitive, affektive und konative Wirkungsweise

Bei der kognitiven Orientierung geht es um die Beeinflussung der Informationsaufnahme, Informationsverarbeitung und Informationsspeicherung des Konsumenten. Diese kognitiven Vorgänge beinhalten gedankliche Prozesse, wie Wahrnehmung, Entscheidungen, Lernen und Gedächtnis.[43]

Die Informationsaufnahme umfasst die Vorgänge, die zur Übernahme der Information in den Kurzzeitspeicher führen.

Bei der Informationsverarbeitung spielt die interaktive Kommunikation eine große Rolle, da Informationen bewusst und auch unbewusst wahrgenommen werden können. Die Aufnahme von Informationen kann durch die bewusste Platzierung visueller Informationseinheiten und deren aktivierender Gestaltung beeinflusst und gesteuert werden.[44]

Durch persönliche Kontakte und Involvierung der Konsumenten kann die Wahrnehmung der zu vermittelnden Botschaft verbessert werden. Es kann

---

[43] Vgl. Gerd Nufer, 2006, Event-Marketing, Theoretische Fundierung und empirische Analyse unter besonderer Berücksichtigung von Imagewirkung, Deutscher Universitätsverlag, 2. Auflage, S.120
[44] Vgl. Gerd Nufer, 2006, S. 140, siehe a. a. O.

generell davon ausgegangen werden, dass sich der Konsument an die Informationen, die im Kontext eines inszenierten Events durch emotionsintensive Stimuli vermittelt werden bzw. auf eigene Erfahrungen beruhen, besser erinnern kann.

Empirische Untersuchungen haben bestätigt, dass emotionale Reize im Umfeld eines Produktes die Beurteilung beeinflussen.[45]

Bei der Informationsspeicherung stehen Erinnerungsleistungen und Lernprozesse im Mittelpunkt. Aufgrund „häufiger Wiederholungen von gerade aktivierender Informationen bzw. dem Ausgesetzt sein einer Marke auf einem Event, kann sich ein „Mere-Exposure-Effect" einstellen, dass heißt eine dauerhafte Speicherung der Information, die in einer positiven Einstellung gegenüber Marke gipfeln soll"[46].

Bei diesen Abläufen muss darauf geachtet werden, dass die erlebnisorientierte Veranstaltung an die zu vermittelnde Information angelehnt ist, ansonsten könnte es zu einer Irritation des Konsumenten kommen. Damit das Event die gewünschte Wirkung erzielt, muss sicher gestellt werden, dass sich die Konsumenten bzw. Eventteilnehmer mit dem Event, sowie mit der Eventbotschaft auseinandersetzten. Die Corporate Identity muss auch hier ersichtlich sein.

Bei der affektiven Orientierung geht es um das Wecken von Vertrauen, um die positive Einstellung und das emotionale Erleben. Es geht um die Ansprache auf der gefühlsorientierten Seite des Konsumenten.

Bei diesem Zusammenspiel verschiedener Faktoren bekommt der Imagetransfer die zentrale Bedeutung, da diese emotionale und erlebnisorientierte Inszenierung vom Event auf das Produkt oder die Marke übertragen werden soll.

Es ist grundlegend davon auszugehen, dass Events die Bildung positiver Einstellungen unterstützt, da sich die Konsumenten bzw. Teilnehmer meistens in einer angenehmen Grundstimmung befinden.

---

[45] Vgl. Gerd Nufer, 2006, Event-Marketing, Theoretische Fundierung und empirische Analyse unter besonderer Berücksichtigung von Imagewirkung, Deutscher Universitätsverlag, 2. Auflage S. 140

[46] Vgl. Gerd Nufer, 2006, S. 140, siehe a. a. O.

Die konative Orientierung bezieht sich auf die Handlungen, bzw. Handlungsabsichten vor Beginn oder während eines Events. Zunächst geht es um die Kontaktherstellung mit dem Konsumenten, denn nur durch die Eventteilnahme kann das Event überhaupt auf sie wirken. Anschließend sollten die Konsumenten so in das Geschehen mit einbezogen werden, dass sie sich als Teil des Ereignisses fühlen. Durch diesen Interaktionsprozess kann sich die nachhaltige Beziehung stabilisieren.[47]

---

[47] Vgl. Prof. Dr. Manfred Bruhm,2005, Unternehmens- und Marketingkommunikation, Franz Vahlen GmbH, S. 1066

4 Kommunikation – Ein komplexes System

Erfolgreiche, funktionierende Kommunikation ist ein komplexes und sensibles System in allen Lebenslagen. Wer nicht kommuniziert existiert für andere nicht, wer falsch kommuniziert wird häufig missverstanden. Ob in der Öffentlichkeit, im Privatleben oder im Geschäftsleben, die Grundregeln der Kommunikation sind alle gleich und sollten von jedem bewusst und kontrolliert eingesetzt werden. Eine unangemessene Kommunikation kann zum Scheitern einer Beziehung führen und genauso das Entstehen von Beziehungen überhaupt verhindern.[48]

„Im marketingspezifischen Kontext bedeutet die Kommunikation, die Übermittlung von Informationen und Bedeutungsinhalten zum Zweck der Steuerung von Meinungen, Einstellungen, Erwartungen und Verhaltensweisen bestimmter Adressaten gemäß spezifischer Zielsetzungen"[49].

4.1 Multisensuale Markenkommunikation

Um sich nachhaltig in den Köpfen der Verbraucher zu etablieren, reicht eine einfache Kommunikationsstrategie heutzutage nicht mehr.

Die Markenkommunikation hat die Funktion, den „ Aufbau von Markenbekanntheit, sowie den Aufbau und die Stärkung des Markenimages zu steigern"[50].

Die Herausforderung besteht darin sich im Sumpf der Marken, Kommunikationsmittel und –Medien mit einer einmaligen und herausragenden Markenkommunikation von anderen abzugrenzen.

Es muss begonnen werden Vorstellungsbilder der Marke in den Köpfen der Zielgruppe zu verankern.

Umso ähnlicher die Produkte werden, umso mehr sind Emotionen an Entscheidungen im zunehmenden Maße beteiligt. Daher bekommt

---

[48] Vgl. Dr. phil. Walter Boris Fischer, 2001, Kommunikation und Marketing für Kulturprojekte, Paul Haupt Verlag, S. 90

[49] Vgl. Prof. Dr. Manfred Bruhn, 2005, Unternehmens- und Marketingkommunikation, Franz Vahlen GmbH, S. 3

[50] Vgl. Franz-Rudolf Esch, 2007, Strategien und Technik der Markenführung, Franz Vahlen Verlag, 4. Auflage, S. 268

Zusatznutzen und der Erlebniswert im Gerüst einer Marke eine immer wichtigere Bedeutung.

Beide Werte sollen beim Konsumenten ein überaus angenehmes Gefühl vermitteln und somit die Erinnerung an die Marke verstärken.

Um effektiv in den Köpfen der Konsumenten verankert zu bleiben, muss die Marke so platziert und inszeniert werden, dass alle Sinne der Verbraucher angesprochen werden.

Der Entertainment Charakter durch Musik, Gerüche, gemütlichen Kommunikationsgegebenheiten, sowie das Einbeziehung der Kunden, kombiniert mit einer interaktiven Marketingbotschaft erzeugt einen höheren Erinnerungsgrad bei den Konsumenten. Durch akustisch, visuell, olfaktorisch, gustatorisch und haptisch eingesetzte Reize, sollte die multisensuale Sinnesanimation völlig ausgenutzt werden.

4.1.1 Der „Stroop-Test"

Durch den Stroop-Test (Farb-Wort-Aufgaben)[51] wurde festgestellt, dass es nur schwer möglich ist, verschiedene Kanäle der Informationsverarbeitung voneinander zu isolieren.

Bei dem Stroop-Test, wurden Komplementär Farben als Wörter aufgeschrieben, die einmal in der korrespondierenden Farbe erschienen und einmal in einer nicht korrespondierenden Farbe.

Testpersonen wurden in zwei Gruppen eingeteilt; die einen sollten die Wörter vorlesen die in der gleichen Farbe geschrieben wurden, die andere Gruppe die Wörter die nicht in der korrespondierenden Farbedargestellt wurden. Es konnte eine verzögerte Reaktion bei den Testpersonen der zweiten Gruppe festgestellt werden.

Es könnte daher nachvollziehbar sein, dass dieses bei der Wahrnehmung von Marken und Produkten nicht anders ist. Zusätzliche Signale die auf Sinnesdimensionen wirken, unterstützen eine Marke oder Produkt in deren Wahrnehmung. Des Weiteren könnte man davon ausgehen, dass ein direkter Kontakt zu einem Objekt (Marke / Produkt) einen anscheinenden

---

[51] Vgl. Prof. Dr. Georg Felsner, 2007, Werbe- und Konsumentepsychologie, Spektrum, Akademischer Verlag, 3. Auflage, S. 135/136

Gedächtnisvorteil verschafft und Menschen ein emotionales Schema anhand von haptischen Eindrücken entwickeln.

Der Begriff Multisensualität bedeutet jedoch nicht einfache, sensorische Eindrücke zu erzeugen. Es geht viel mehr darum alle Sinne einheitlich anzusprechen, damit das Produkt- oder Markenerlebnis durch das Zusammenspiel aller Sinne einen eigenen Charakter erhält.[52]

Die Markenvorstellungen werden in Form von Schemata bei den Konsumenten gespeichert. Dabei wird nicht nur ein einfaches Bild gespeichert, sondern vielmehr ein Konstrukt aus Erinnerungen, Bildern, Melodien, Fakten, Erlebnissen und Erfahrungen. Beim Aufrufen der Marke wird somit nicht nur ein Bild abgerufen, sondern ein Konstrukt aus Erinnerungen und Erlebnissen, die sich positiv auf die Erinnerungswirkung auswirken.[53]

4.1.2 Der „Framing-Effekt"

Durch den sogenannten „Framing-Effekt", kann sich die Wahrnehmung eines Produktes oder Marke durch eine Veränderung des Hintergrundes verändern. „Wahrnehmungen von Marken und Entscheidungen zwischen Alternativen können also stark von der Art der Präsentation, dem so genannten Rahmen oder Kontext der Situation, abhängig sein"[54].

Starke Marken wirken als Frame, als Referenz- und Bedeutungsrahmen für ein Produkt. Dieser „Framing-Effekt" hat einen starken Wirkmechanismus, der im Autopiloten unseres Gehirns wirkt. „Die Bedeutung einer Information, und nur darum geht es in unserem Gehirn, ist vom Kontext abhängig, vom Frame"[55]. Unser Gehirn interpretiert den Hintergrund immer mit, ohne dass wir es bewusst bemerken.[56]

---

[52] Vgl. Prof. Dr. Georg Felsner, 2007, Werbe- und Konsumentepsychologie, Spektrum, Akademischer Verlag, 3. Auflage, S. 135/136

[53] Vgl. Rudolf Sommer, 2007, Consumer´s Mind, Die Psychologie des Verbrauchers, Edition Horizont, Deutscher Fachverlag, S. 13

[54] http://www.markenlexikon.com/glossar_f.html zugegriffen 01.03.08

[55] Vgl. Dr. Christian Schleier, Dirk Held, 2007, Was Marken erfolgreich macht - Neuropsychologie in der Markenführung, Rudolf Haufe Verlag, S. 61/62

[56] Vgl. Anhang Nr. 1

Der hier erwähnte „Framing-Effekt" bezieht sich weitestgehend auf die Wirkung der Marke die hinter einem Produkt steht.

Kann jedoch nicht auch eine Veränderung der Inszenierung einer Marke zu einer Veränderung der Wahrnehmung führen?

Als anschauliches Beispiel ist hier der Kaffee bei „Starbucks" nennen. Hier geht es nicht um einfaches „Kaffee trinken", sondern vielmehr um das Erlebnis „Kaffee".

Hinter diesem steht das Entfliehen aus dem Alltag oder das Erleben eines Kurzurlaubes; sozusagen das Erlebnis einer „Auszeit" von dem Alltag. Kaffee trinken in einer gemütlichen Atmosphäre mit ausgefallener „Weltmusik". „Starbucks" ist es gelungen eine 3. Welt zu erschaffen, eine Welt zwischen Job und zu Hause. In dieser neugewonnen Welt fühlt man sich wohl und verweilt gerne etwas länger.

Das Produkt Kaffee hat durch den „Hintergrund Starbucks" für die Menschen eine ganze andere Bedeutung erlang.[57]

„Durch das „Re-Framing" (Wechsel des Referenzrahmens) entsteht ein Hebel für Innovation"[58]. Unternehmen können zwar keine neuen Bedürfnisse oder Bedeutungen in der Köpfe der Kunden hervorrufen, sie können jedoch versuchen eine neue Verbindung zwischen einem Produkt und einem neuen Bedeutungskontext zu schaffen.

Ein Event und dadurch die Ansprache von allen Sinnen könnte somit die Wirkung haben, dass eine Marke oder ein Produkt in einem anderen Licht erscheint und somit einen anderen Kontext verliehen bekommt.

4.2 Events als Markenkommunikation

Die richtige Inszenierung von Events und die damit verbundene Kommunikation von Marken und Produkten können lebendige und assoziationsreiche Bilder im Gedächtnis der Konsumenten hinterlassen.

---

[57] Vgl. Dr. Christian Schleier, Dirk Held, 2007, Was Marken erfolgreich macht - Neuropsychologie in der Markenführung, Rudolf Haufe Verlag, S. 61/62

[58] Vgl. Dr. Christian Schleier, Dirk Held, 2007, S. 68, siehe a. a. O.

Eine der wichtigsten Erkenntnisse in diesem Zusammenhang besteht darin, dass Präferenzen für Produkte und Marken wesentlich davon abhängen, wie lebendig das innere Bild ist, dass sich der Konsument von dem Objekt macht.[59] Events können wesentlich zur Präferenzsteigerung einer Marke beitragen. Sie lassen sich als inszenierte Ereignisse in Form von Veranstaltungen und Aktionen darstellen.

Dabei handelt es sich stets um eigenständige Inszenierungen von Veranstaltungen durch bestimmte Unternehmen, die im Gegensatz zum Sponsoring eine stärkere Kommunikation zwischen Marke und Konsument ermöglichen. Diese Anwendung findet häufig im Rahmen von Produktvorstellungen statt. Durch Events lassen sich wichtige emotional-symbolische Markeninhalte in Form multisensualer Erlebniswelten transportieren.

4.3 Annahmen für die wachsende Relevanz des Eventmarketings

Instrumente des Eventmarketings, ein anderes Wort für Live-Kommunikation, stellen die persönliche Begegnung und das aktive Erlebnis der Zielgruppe mit der Marke in ein inszeniertes und häufig emotional ansprechendes Umfeld in den Mittelpunkt.

Durch die direkte und persönliche Interaktion zwischen Hersteller/Marke und Kunde können nachhaltige und einzigartige Markenassoziationen geprägt werden.

Warum jedoch hat die Relevanz der interaktiven Kommunikation in den letzen Jahren einen so enormen Zuwachs erlangt?

Wie schon erwähnt, spielt bei der Zunahme für das Eventmarketing der Wandel in der Gesellschaft eine große Rolle. Für die Kunden und Konsumenten geht es immer häufiger darum sich individuell zu entfalten und sich selbst zu verwirklichen. Es geht um die Erlebnisorientierung, das Erleben und dem Entfliehen aus dem normalen Alltagsgeschehen.

Durch positive und persönliche Erlebnisse wird die differenzierte Wahrnehmung gefördert und die stärkere Produkthomogenität immer relevanter. Die

---

[59] Vgl. Prof. Dr. Thomas Foscht und Prof. Dr. Bernhard Swoboda, 2007, Käuferverhalten, Grundlagen-Perspektiven-Anwendungen, Gabler Verlag, 3. Auflage, S. 30

Konsumenten möchten aktiv involviert werden und die Möglichkeit bekommen die Marken zu erleben.

Die Erinnerungsleistung und Verarbeitung von Informationen ist besonders hoch, wenn die Informationen multisensual und interaktiv vermittelt werden. Neurologen bestätigen, dass die Informationsverarbeitung von emotionalen Prozessen begleitet wird und diese einen erheblichen Einfluss auf die kognitiven Prozesse haben.[60]

Durch die immer stetig wachsende Informationsflut, bedingt durch die elektronischen Kommunikationsmittel, wird das Verlangen nach persönlichen Kontakten immer größer. Umso mehr „High-Tech" auf dem Markt gelangt, umso mehr wird nach „High-Touch" verlangt. Nach dem „Boom" des Internets und des „Cyberspace", werden zwischenmenschliche Kontakte und Beziehungen immer wichtiger. Dies sind nur einige Thesen die zur gesteigerten Relevanz des Eventmarketings beitragen.

---

[60] Vgl. Prof. Dr. Cornelia Zanger, 2007, Eventmarketing als Kommunikationsinstrument, Entwicklungsstand in Wissenschaft und Praxis, In Event Marketing, Hrsg. Prof. Dr. Oliver Nickel, Franz Vaheln Verlag, 2. Auflage, S. 17

5 Eventmarketing

In der vorliegenden Arbeit wurde viel über Events und der damit inszenierten Kommunikation gesprochen. Doch was sind eigentlich Events? Was bedeutet oder steht hinter der Wunderformel „Eventmarketing", das alle oben genannten Aufgaben erfüllen soll?

Um hierfür weitere Informationen zu erhalten, müssen wichtige Merkmale dieser beiden Begriffe heraus kristallisiert werden.

Events sind Live-Erlebnisse, deren Authentizität und oft auch Exklusivität zu einer verstärkten Emotionalisierung beitragen.[61]

Wie schon in einigen Kapiteln angesprochen, sollen sie zu einer erhöhten Stimulierung des Konsumenten führen und einen positiven Einfluss auf die Einstellung des Kunden zur Marke erzeugen.

Events bieten die einmalige Chance zur Verknüpfung von Information und Unterhaltung, sowie die Möglichkeit die Konsumenten aktiv mit zu integrieren (Infotainment und Involtainment).

Die Kunden werden aktiv über die Verhaltensebene mit einbezogen.

„Die aktive Teilnahme des Rezipienten am Event schafft die Möglichkeit, eine Markenbotschaft mit allen Sinnen aufzunehmen und sie langfristig im Gedächtnis zu verankern"[62]. Auch diese Aufgabe wurde mehrmals als wichtiger Eckpfeiler genannt um die Kunden auf dem konkurrenzbelasteten Markt von sich zu überzeugen.

Die emotionale Interaktion führt zu einer erhöhten Aktivierung bzw. einem gesteigerten Involvement beim Rezipienten, was die Kommunikationswirkung steigert.

Events bieten etwas Einmaliges und Besonderes, unterscheiden sich aber bewusst von der Alltagssituation. Auch das ist ein Faktor, der für das Einsetzen von Events als Kommunikationsinstrument spricht. Entfliehen aus dem Alltag und das Erleben von etwas besonderem wird für die heutige Gesellschaft immer wichtiger.

---

[61] Vgl. Gerd Nufer, 2006, Event-Marketing, Theoretische Fundierung und empirische Analyse unter besonderer Berücksichtigung von Imagewirkung, Deutscher Universitätsverlag, 2. Auflage, S. 18

[62] Vgl. Gerd Nufer, 2006, S. 19, siehe a. a. O.

Events setzten Botschaften in erlebbare Ereignisse um, inszenierte Markenwelten werden greifbarer und unterstützen damit das Produkt oder das Unternehmen.

Diese ganzen Merkmale werden vom Kommunikationsinstrument Eventmarketing aufgegriffen und umgesetzt.

Eventmarketing ist somit ein systematischer und zielorientierter Prozess, der eine Inszenierung drei-dimensionaler, live erlebbarer Themen zu Marketingzwecken integriert.

Als Kommunikationsinstrument steht das Eventmarketing ganz im Dienste der Vermittlung von Marketingbotschaften und ist vom landläufigen Eventverständnis im Sinne eines „besonderen Ereignisses" abzugrenzen. Es bezieht sich nur auf unmittelbar für den Markt inszenierte Events.

5.1 Entwicklung des Eventmarketings

Der Begriff des Eventmarketings kommt aus der Praxis und ist seit ca. 10 Jahre in aller Munde. Früher wurde von Live Kommunikation gesprochen, heute spricht man von Events. Als Instrumente gehören das Erlebnismarketing, das Veranstaltungsmarketing und das Sponsoring ebenso dazu wie Messen und Sales Promotion Aktionen.

Instrumente der Live Kommunikation stellen „die persönliche Begegnung und das aktive Erlebnis der Zielgruppe mit dem Hersteller und seiner Marke in einem inszenierten und häufig emotional ansprechenden Umfeld in den Mittelpunkt"[63].

Durch die direkte und persönliche Interaktion zwischen Konsument und Unternehmen können spezielle und nachhaltige Markenassoziationen hervorgerufen werden. Wenn es also die Live Kommunikation schon so lange gibt, warum wird erst jetzt das Eventmarketing als die „Zauberformel" im Marketing betitelt?

---

[63] Vgl. Dr. Cornelia Zanger, 2007, Eventmarketing als Kommunikationsinstrument – Entwicklungsstand in Wissenschaft und Praxis, in: Event-Marketing, Grundlagen und Erfolgsbeispiele, Hrsg. Dr. Oliver Nickel, Franz Vahlen Verlag, 2. Auflage, S. 17

Hintergrund des Entwicklungsvorganges ist, wie schon im oberen Teil der Arbeit diskutiert, die gesellschaftlichen Veränderungsprozesse, die durch die Hinwendung zur Erlebnis- und Freizeitorientierung gekennzeichnet sind. Es entstand eine wachsende Nachfrage stimulierende Erlebnisse mit der Markenkommunikation zu verbinden.[64]

Die erste Phase des Eventmarketings und damit die Entstehung wird in die Zeit 1995/96 eingegliedert. Die Phase ist durch wachsendes Angebot an Kommunikationsinhalten, das angesichts der gleichbleibenden Verarbeitungskapazität zu einem Kommunikationsdruck führt, als störend empfunden wird und sich negativ auf die Akzeptanz von Kommunikationsmaßnahmen bis hin zur Vermeidungshaltung auswirkt, gekennzeichnet.

Die zweite Phase, gekennzeichnet vom raschen Wachstum in der Zeit 2000/01, wird durch die intensive Zuwendung der Unternehmen widergespiegelt. Das Umsatzwachstum der Eventagenturen liegt bei 20-30% und zahlreiche praxisorientierte Veröffentlichungen unterstreichen diesen Wandel in der Kommunikationspolitik.

In den Jahren 2003/04 rationalisiert sich der Boom um die Eventagenturen jedoch und die dritte Phase der Entwicklung ist durch einen „Clearingsprozess" gekennzeichnet. Nur große und erfahrene Agenturen mit langjähriger Erfahrung mit Differenzierungsvorteilen können bestehen bleiben. Die Anzahl von Event-Agenturen reduziert sich um 15% durch Fusionen oder Austritt.

Seit 2003/04 wird nach Professionalisierung gestrebt, um das Eventmarketing als Kommunikationsinstrument fest zu etablieren.

Eventmarketing wird von den Unternehmen immer zielgerichteter im Kontext der Markenentwicklung und des Imageaufbaus eingesetzt. Diese führt zu einem erhöhten Anspruch an Qualität und professioneller Ausführung.

Nicht nur die Ausführungsqualitäten, sondern auch die Beratungskompetenzen müssen weiterentwickelt und aufgebaut werden.

---

[64] Vgl. Prof. Dr. Cornelia Zanger, 2007, Eventmarketing als Kommunikationsinstrument –
Entwicklungsstand in Wissenschaft und Praxis, in: Event-Marketing, Grundlagen und Erfolgsbeispiele,
Hrsg. Dr. Oliver Nickel, Franz Vahlen Verlag, 2. Auflage, S. 10/11

Auch die Zukunft wird voraussichtlich von der Elimination und Professionalisierung geprägt sein.[65]

Eventmarketing ist das Kommunikationsinstrument, dass stark Erlebnisorientiert arbeitet und den Konsum als ein emotional und rational orientiertes fassbares Erlebnis behandelt.

Eventmarketing wird mehr den je als ein integriertes strategisches Werbemittel angesehen und nicht länger als ein modernes Beiwort in der Werbekampagne.[66]

Das Eventmarketing wird als eine Plattform der erlebnis- und dialogorientierten Präsentation eines Produktes, Dienstleistung oder eines Unternehmens verstanden. Durch emotionale und physische Stimulanzen werden starke Aktivierungsprozesse mit dem Ziel der Vermittlung unternehmensgesteuerter Botschaften ausgelöst.[67]

Marketingevents stellen die Marketingbotschaft in überraschend neue Kontexte und führen den Konsumenten bzw. Teilnehmer so bewusst aus der Alltagswirklichkeit in die inszenierte Markenwelt, die durch das Abwechslungspotential zu einer erhöhten Aktivierung der Teilnehmer führt.[68]

Es wird jedoch in der heutigen Literatur nicht nur von erhöhter Aktivierung gesprochen, sondern auch von einem „Flow-Erlebniss" das durch Events erzeugt werden kann.

---

[65] Vgl. Prof. Dr. Cornelia Zanger, 2007, Eventmarketing als Kommunikationsinstrument –
Entwicklungsstand in Wissenschaft und Praxis, In Event Marketing, Grundlagen und Erfolgsbeispiele,
Hrsg. Dr. Oliver Nickel, Franz Vahlen Verlag, 2. Auflage, S. 10

[66] Vgl. Saskia M. Scharfe und Prof. Dr. Marian Paschke, 2006, Eventmarketing – Urheber- und
gewerblicher Rechtsschutz, Deutsches – und Internationales Wirtschaftsrecht, Band 46, LIT Verlag
Hamburg, S. 15

[67] Vgl. Prof. Dr. Manfred Bruhn, 2005, Unternehmens- und Marketingkommunikation, Franz Vahlen GmbH,
S. 1049

[68] Vgl. Prof. Dr. Oliver Nickel, Event Marketing, 2007, Franz Vahlen Verlag, 2. Auflage S. 4

5.2 Das „Flow-Erlebnis"

„Vermutlich kennt jeder diesen Zustand: z.B. beim Tanzen, beim Malen eines Bildes oder beim Skifahren. Aber auch das Autofahren erleben viele als flow"[69], doch ist sich nicht jeder der Wirkung immer bewusst.

Es ist der Zustand in dem man Zeit und Raum verliert und so in etwas auf geht, dass allein das Gelingen und das Resultat genug ist um sich für die Tätigkeit zu motivieren.

Hierbei geht es um die intrinsische Motivation, die innere Antriebskraft, die auf der menschlichen Neugier beruht. „Um diese intrinsische Motivation für eine bestimmte Tätigkeit aufrechtzuerhalten, ist es notwendig ein Gefühl von Selbstverwirklichung zu entwickeln"[70].

Diese Selbstverwirklichung wollen die Konsumenten heut zu Tage, sie wollen etwas erleben, was sie selbst bestimmen können. Das Individuum steht in unserer Gesellschaft als Wert ganz oben.

Können also Events so gestaltet werden, dass sie bei der Zielgruppe ein „Flow-Erlebnis" auslösen, könnte sich die Aktivierung gegen über der zu vermittelnden Botschaft erhöhen und die Qualität der Erfahrung steigern?[71]

„Der Flow ist ein holistisches Erlebnis, welches bei Tätigkeiten auftritt, deren Anforderungen den Fähigkeiten des Ausführenden entsprechen, die ihm eine eindeutige Handlungsstruktur und sofortige Rückmeldung über den Erfolg bzw. den Misserfolg seiner Handlung geben, sowie ihm eine einfache Konzentration ermögliche wobei er bei der Tätigkeitsausführung hoch konzentriert und selbstvergessen ist, seinen Zeitsinn verliert, Kontrolle über die Handlung erlebt, sowie seine Bewusstsein und die Handlung miteinander verschmelzen"[72].

---

[69] http://www.literaturkritik.de/public/rezension.php?rez_id=3269, zugegriffen, 04.03.2008

[70] http://www.uni-regensburg.de/Fakultaeten/phil_Fak_II/Paedagogik/Harteis/flow.pdf, zugegriffen 04.03.2008, S. 1

[71] http://www.uni-regensburg.de/Fakultaeten/phil_Fak_II/Paedagogik/Harteis/flow.pdf zugegriffen 04.03.2008, S. 4

[72] Vgl. Jan Drenger, 2007, Imagewirkung von Eventmarketing, Entwicklung eines ganzheitlichen Messansatzes, Deutscher Universitätsverlag, 2. Auflage, S. 127

Befinden sich die Personen im „Flow" setzten sie sich verstärkt mit der jeweiligen Aktivität kognitiv auseinander und erleben ein intensiveres emotionales Empfinden.[73]

Laut der Definition versteht man das „Flow-Erlebnis" nur in Verbindung mit dem aktiven Handeln. Werden Kunden bei Veranstaltung aktiv in das Geschehen involviert ist der Ansatz gegeben, die Teilnehmer in ein „Flow" versetzten zu können.

Durch empirische Studien[74] konnte gezeigt werden, dass in einem „Flow-Zustand" eine häufig bessere kognitive Verarbeitung geboten ist. Überträgt man dieses auf das Event, lässt sich eine effizientere Aufnahme der Marketingbotschaft vermuten.

Die durch das Event ausgelösten positiven Emotionen und das direkte Erleben kann zu einer erhöhten Erinnerungsleistung führen.

Die Erkenntnisse von Jan Drenger können vermuten lassen, dass die durch ein Event ausgelöste Aktivierung reicht, um die Konsumenten in einen „Flow-Zustand" zu versetzten. Die Erinnerungswirkung wird gesteigert und eine stärkere Nachfrage nach der umworbenen Marke kann entwickelt werden.

Einzelne Aussagen, unter anderem die These „Je intensiver die Eventteilnehmer den „Flow" empfinden, desto positiver beurteil sie die Eventobjekte auf der Imagedimension" konnte jedoch nicht durch empirische Prüfungen bestätigt werden.[75]

"Wenn man Leidenschaft, Emotionen und Engagement gepaart mit Können in seine Arbeit gibt, stellt sich häufig ein Flow-Erlebnis ein", sagt Gerhard Huhn[76], Managementtrainer bei der Emergence GmbH, der das Flow-Erleben als Schlüssel für Lernen, Wachstum und Motivation sieht. "Wenn das, was wir tun, stimmig ist, fühlen wie uns leicht, als würden wir schweben", erläutert Huhn[77].

---

[73] http://www.business-wissen.de/service/service-qualitaet/fachartikel/flow-erlebnisse-vermitteln-einmalige-servicequalitaet.html, zugegriffen 04.03.2008

[74] Vgl. Jan Drenger, 2007, Imagewirkung von Eventmarketing, Entwicklung eines ganzheitlichen Messansatzes, 2. Auflage, Deutscher Universitätsverlag,S. 128,

[75] Vgl. Jan Drenger, 2007, S. 190, siehe a. a. O.

[76] http://www.morgenpost.de/content/2008/03/02/beruf/949824.html, zugegriffen 09.03.2008

[77] http://www.morgenpost.de/content/2008/03/02/beruf/949824.html, zugegriffen 09.03.2008

Nicht nur Wissenschaftler, auch Motivationstrainer sehen das Erreichen des „Flow-Erlebnisses" als eine Möglichkeit eine erhöhte Aktivität, sowie eine höhere Lerneffektivität zu erreichen.

Die Frage die jedoch dabei aufkommt ist: wie hoch die eigentliche körperliche oder mentale Aktivität sein muss um dieses „Flow-Erlebnis" zu erreichen? Reicht die Aktivität bei einem Event oder Besuch in einer Markenwelt aus, um in ein „Flow-Erlebnis" versetzt zu werden?

Ich denke, dass ist von dem individuellen Involvement und dem dazugehörigen Event abhängig.

Nimmt man zum Beispiel ein sportliches Event, kann man davon ausgehen, dass Konsumenten die selbst sehr Sport affin sind, schneller in einen „Flow-Zustand" zu versetzen sind, als Teilnehmer, die sich nicht mit sportlichen Aktivitäten identifizieren können.

Interaktiv kommunizieren und individuelles emotionales Erleben bieten, kann nur der, der seine Zielgruppe kennt und diese entsprechend anspricht.

Da die Konsumenten die Events meistens freiwillig und zu ihrem Vergnügen aussuchen und besuchen, kann ich mir vorstellen, dass das gewünschte „Flow-Erlebnis" bei vielen Teilnehmern erreicht werden könnte.

Wie die Untersuchungen von Jan Drenger jedoch ergaben, kann die Wirkung auf das Markenimage nicht eindeutig festgestellt werden.[78]

5.3 Zielgruppen

Trotz der Tatsache, dass die meisten Konsumenten an Events freiwillig teilnehmen, muss die Zielgruppe genau beschrieben und erkannt werden.

Es ist wichtig die eigene Zielgruppe genau zu analysieren und zu beschreiben, denn je präziser die Beschreibung ist, umso zielführender kann die Event Strategie erstellt werden und umso besser erreicht man seine Kunden.

Wie bei allen Kommunikationsinstrumenten bringt die zielgruppenspezifische und zielgruppenfokussierte Ansprache den größtmöglichen Erfolg.

Aber genau dass wird in Zukunft immer schwieriger. Der zunehmende Wertewandel, die immer kurzlebigen Trends und Moden für kleine dynamische

---

[78] Vgl. Jan Drenger,2007, Imagewirkung von Eventmarketing, Entwicklung eines ganzheitlichen Messansatzes, 2. Auflage, Deutscher Universitätsverlag, S. 190 ff

Szenarien werden immer auffälliger. Die Gegenspieler „In" und „Out" wechseln immer schneller ihre Position.[79]

Die klassische Marktsegmentierung wird uns in Zukunft immer weniger Aufschluss über die Zielgruppe geben, denn was sagen Alter, Wohnort, Einkommen oder Beruf über das Konsumentenverhalten aus.

Woody Allen und Sylvester Stallone sind soziodemografisch in das gleiche Käufer-Segment einzuteilen, weil sie den gleichen Wohnort, den gleichen Beruf, das gleiche Alter und wohl möglich die gleiche Ausbildung haben. Doch haben sie auch den gleichen Lebensstil, die gleichen Grundwerte, das gleiche Konsumenteverhalten?[80]

Die klassische Zielgruppe gibt es also nur noch selten. Neue Ansätze sprechen von Milieus, die durch das Verhalten von Menschen, ihren Interessen und Bedürfnissen definiert sind. „Vom genuss- und augenblicksorientierten Hedonisten über den umweltbewussten „Öko" bis hin zum preisbewussten „smart buyer", der zwar Porsche fährt und Vivaldi hört, seinen kalifornischen Wein aber bei Aldi kauft"[81] kann alles in einer Person stecken.

Trotz der hybriden Konsumenten kann davon ausgegangen werden, dass das Eventmarketing durch die hohe Kontaktintensität wirkt.

Ein individuelles „Vor-Ort-Erlebnis" ist erreichbar, solange das Publikum möglichst homogen in seinem Freizeitverhalten, seiner Wertevorstellung, sowie seiner Genuss- und Erlebnisorientierung zu definieren ist.

Doch wie kann ein Event das „individuelle Erleben" für eine Vielzahl von Teilnehmern inszenieren?

Die Teilnehmer müssen individuell nach Lebensphase und Lifestyle beschrieben werden, so dass ein Zusammenfließen von Merkmalen ein Bild einer individuellen Zielgruppe entstehen lässt.[82]

Es gilt die Zielgruppe so exakt einzugrenzen, dass sie durch direkte Ansprache möglichst effektiv erreicht wird.

---

[79] Vgl. Sigrun Erber, 2005, Eventmarketing – Erlebnisstrategie für Marken, miFachverlag, S. 70

[80] Vgl. Richard Linxweiler, 2004, Marken-Design – Marken entwickeln, Markenstrategien erfolgreich umsetzten, Gabler Verlag, 2. Auflage, S. 24

[81] Vgl. Stephan Schäger-Mehdi, 2006, Event-Marketing – Kommunikationsstrategie, Konzeption und Umsetzung, Dramaturgie und Inszenierung, Cornelsen Verlag, 2. Auflage, S. 121

[82] Vgl. Sigrun Erber, 2005, S. 75, siehe a. a. O.

„Mit einer klaren Botschaft, die spannend inszeniert ist, motivieren sie die Menschen etwas für sie zu tun, in dem sie etwas für sie tun"[83].

Botschaften und das Erleben müssen den Werten und Einstellungen der Adressaten und Zielgruppen entsprechen, wenn es seine Zwecke erfüllen soll.[84]

5.4 Arten von Events

Um die erhöhte Aktivierung oder das „Flow-Erlebnis" zu erzielen und damit ihre Marketingziele zu erreichen, inszenieren Unternehmen verschieden Arten von Events.

Hierzu gehören Corporate Events, worunter man Präsentations-, Informations- und Motivationsveranstaltungen versteht. Sie werden z.b. bei Produktvorstellung, Kick-Off-Meetings, Incentive Reisen für Manager und Mitarbeiter eingesetzt. Diese Events werden erlebnisorientiert durchgeführt und rücken eine Marke oder ein Unternehmen in den Mittelpunkt.

Die Veranstaltungen richten sich meist an eine klar definierte eingegrenzte Zielgruppe wie Händler, Mitarbeiter und Manager oder geladene Gäste.[85]

In den letzten Jahren hat eine andere Event-Art zunehmend an Beliebtheit gewonnen: die Exhibition Events.

Sie umfasst die Sonderformen Messen und Ausstellungen und richten sich an ein interessenspezifisches Publikum.

„Eine Messe dient als zeitlich begrenzte, nationale oder internationale Marktveranstaltung der unternehmerischen Kommunikation, der Pflege bestehender Kundenbeziehungen, der Akquisition neuer Kunden sowie der Konkurrenzbeobachtung"[86]. Es wird ein künstlich vom Veranstalter geschaffener Marktplatz inszeniert, auf dem sich Anbieter und Interessenten treffen und Informationen austauschen.[87]

Jedoch gilt neuerdings auch für Messen, das nicht nur das einfache Ausstellen und präsentieren von Produkten, Gütern und Informationen reicht. Auch hier

---

[83] Vgl. Stephan Schäger-Mehdi, 2006, Event-Marketing – Kommunikationsstrategie, Konzeption und Umsetzung, Dramaturgie und Inszenierung, Cornelsen Verlag, 2. Auflage, S.11
[84] Sigrun Erber, 2005, Eventmarketing – Erlebnisstrategie für Marken, miFachverlag, S. 30
[85] http://www.rothundlorenz.de/corporate-events.html zugegriffen 04.03.2008
[86] http://www.marketing.ch/lexikon_detail.asp?id=717 zugegriffen 04.03.2008
[87] Vgl. Prof. Dr. Christian H. Ernst, 2006, Mit Messen mehr Markt machen – das Broadway Prinzip, Books on demand Verlag, S. 12

sollten die Kunden und Partner aktiv miteinbezogen werden, denn bei der persönlichen Involvierung können sich positive Emotionen bilden, die sich dann auf das Unternehmen bzw. die Marke übertragen.
Public Events richten sich an die breite Öffentlichkeit, in deren Mittelpunkt Endkonsumenten, Meinungsführer und Medienvertreter als Multiplikatoren stehen. Abenteuertouren, Sportwettbewerbe oder Road-Shows oder die interaktive Markteinführung sind die am häufigsten eingesetzten Marketingevents bei dieser Event-Art.
Mit Verwendung von Elementen aus den Bereichen Sport, Natur und Abenteuer soll eine gesteigerte Aktivierung bei den Eventteilnehmern erreicht werden.

Es existiert jedoch noch eine andere Systematisierung von Events, die sich nicht ausschließlich nach der Zielgruppe richtet.
Diese Art von Events systematisiert man nach internen, externen und deren Mischformen. Weiter Unterteilungen können arbeitsorientierte, freizeitorientierte und infotainment sein. Eine andere Form kann nach Anlass und Marke systematisiert werden.
Doch alle drei Merkmalsskalen geben nur Ansatzpunkte für eine Systematisierung, jedoch kein in sich geschlossenes Kategorisierungssystem.
Mit dem „Event-Marketing Würfel"[88] sollen die Elemente aus den Kategorieansätzen zu einem Gesamtkonzept fusionieren. Der Würfel besteht aus drei Dimensionen.
Bei der ersten Dimension liegt der Fokus auf der wohl häufigsten Systematisierung, der Zielgruppeneinteilung.
Die zweite Dimension wird von der Inszenierung bestimmt und die dritte Dimension baut auf der Differenzierung des Eventkonzeptes auf.
Der Würfel kann in 27 Teilwürfel unterteilt werden und repräsentiert somit 27 verschieden Eventtypen[89].[90] Doch keine Typologie kann die Vielzahl der Möglichkeiten die sich bei einer Inszenierung eines Events auftun einfangen und aufzeigen.

---

[88] Vgl. Gerd Nufer, 2006, Event-Marketing, Theoretische Fundierung und empirische Analyse unter besonderer Berücksichtigung von Imagewirkung, Deutscher Universitäts- Verlag, 2. Auflage S. 40
[89] Vgl. Gerd Nufer, S. 38/39/40, siehe a. a. O.
[90] Vgl. Anhang 2

Doch egal um welchen Eventtyp es sich handelt, das Ziel eines jeden Events liegt darin seine Kunden emotional anzusprechen und aktiv mit einzubinden. Es geht um den Kundendialog und die emotionale Kundenbindung.

Das innovative Kommunikationsmittel Eventmarketing zeichnet sich dadurch aus, dass sie von Unternehmen initiiert werden um die Kaufintensität zu erhöhen, der Verkaufcharakter aber nicht vordergründig erscheint.

Durch das tatsächliche Erleben einer Marke, kann eine intensivere Einstellungs- und Verhaltensbeeinflussung erreicht werden, was bei den traditionellen Massenkommunikationsmaßnahmen seltener erzielt wird.

Events unterscheiden sich bewusst von der Alltagsituation ihrer Konsumenten, um ihnen ein Abwechslungspotenzial zu bieten, was zu einer erhöhten Aktivierung führt.

Um die volle Wirkung eines Marketingevents zu erreichen, müssen die Events teil des Konzeptes integrierter Unternehmenskommunikation sein.[91]

5.5 Anschauungsbeispiel „Red Bull"

„...verleiht Flügel", ein Slogan, den jeder vervollständigen kann.

Woran liegt das? Liegt es an dem Energy Drink, den „Red Bull" als Pionier auf den Markt gebracht hat, liegt es an den Sponsoring Maßnahmen oder an den super inszenierten Events die das Team in jeglichen Sportwelten in Szene setzt?

Das österreichische Unternehmen schöpft das Tool Eventmarketing richtig aus. Sponsoring stand am Anfang ganz oben in der Marketingstrategie, doch das hat sich geändert.

„Schauen Sie", sagt „Red Bull" - Gründer Mateschitz, „wir haben vor 17 Jahren das Sportsponsoring eigentlich neu definiert." Und dann erzählt er, was er nie wollte: dem Sport nur sein Logo aufpappen und später nachrechnen, wie lang es im Fernsehen war. „Man könnte mir die ganzen Banden eines Fußballstadions schenken, ich würde sie nicht nehmen", hat er einmal gesagt. „Weil mir einfach der qualitative Aspekt von dem Ganzen fehlt."

Eigeninitiative und Individualität sind für ihn unternehmerische Prinzipien, weil sich nur durch sie das Original vom Abklatsch abgrenzen lässt. „Unsere

---

[91] http://www.tu-chemnitz.de/wirtschaft/bwl2/verstaendnis.php, zugegriffen 11.03.2008

Philosophie ist, dass wir ein integraler Bestandteil der Sportart sind", sagt Mateschitz[92], „der Red Bull" Chef.

„Red Bull" agiert weiterhin als Sponsor für viele Sportveranstaltungen und Sportler, doch haben sie auch durch eigene Events die Theorie des Eventmarketings umgesetzt.

Die Red Bull Flugtage sind ein herausragendes Beispiel, bei dem die Marke zwar wichtig ist, die Emotionen und die Involvierung der Konsumenten jedoch im Vordergrund stehen.

Hobbypiloten haben die einmalige Chance in selbstgebauten „Flugelementen" den Flugraum unsicher zu machen und versuchen soweit wie möglich zu „fliegen". Bei diesen Events, die weltweit stattfinden, steht der Spass und die emotionale Verbindung zur Marke im Vordergrund und der Slogan: „...verleiht Flügel" ist allgegenwärtig.

Die Events von Red Bull, reagieren durch die erhöhte Aktivierung auf der kognitiven Ebene, durch die Ansprache von Emotionen, wie Freude und Interesse auf der affektiven Ebene und durch das aktive Teilnehmen, also das Handeln vor und während dem Event auf der konativen Ebene.

Die Konsumenten haben die Möglichkeit dem Alltag zu entfliehen, etwas Aufregendes und Abenteuerartiges zu erleben. Obwohl der Konsum bei den Veranstaltungen nicht im Vordergrund steht, wird die Marke in den Köpfen der Konsumenten mit Spass, Abenteuer und Erlebnis verknüpft. Durch die eigene aktive Einbindung wird die Erinnerungsleistung gestärkt.

Der Slogan „Red-Bull verleiht Flügel" wird auf diesem Event wirklich erlebt und fühlbar gemacht.

Ob genau dieses Event jedoch zu einem Anstieg in den Verkaufszahlen geführt hat, kann ohne empirische Daten nicht eindeutig festgestellt werden.

Eines könnte jedenfalls eintreten: Durch das dauerhafte Auseinandersetzen mit der Marke auf diesem Event, könnte sich ein „Mere-Exposure-Effect" einstellen, der wie in Kapitel 3.2.3 erläutert, in einer positiven Einstellung gegenüber der Marke und damit seinem Produkt enden könnte.

---

[92] http://www.sueddeutsche.de/sport/formel1/artikel/742/57685/, zugegriffen 12.03.2008

5.6 Markenwelten

Trotz einiger nicht bestätigten Thesen aus dem Kapitel 5.2, ist klar, dass das Eventmarketing auch in Zukunft weiter an Relevanz zunimmt.

Für dieses Jahr erwartet die Branche laut Forum Marketing Eventagenturen 2,26 Mrd. Euro Umsatz.[93] Nicht zu letzt wegen des im Anfang beschrieben Wertewandels der Gesellschaft und heutigen Marktsituation.

Eventmarketing kann und sollte von den aktuellen Erkenntnissen der Freizeit- und Sozialforschung lernen, das Erfahrungswissen der Entertainment-Industrie als Vorteil mit einfließen lassen und auf dieses zurückgreifen.

Die Konsumenten streben nach sinnvoll zunutzender Freizeit, dementsprechend sollten Orte dafür praktisch und attraktiv gestaltet werden.

Die Komponenten Bildung, Lernen, Erlebnis und Unterhaltung sollten miteinander kombiniert und eingesetzt werden.

Ein Konzept des Eventmarketings, das von den größten Unternehmen der Welt verfolgt wird, ist die Entwicklung von sogenannten „Brand-Lands".

Es geht um thematisch ausgerichtete Freizeitparks mit zahlreichen Vergnügungsangeboten, die weiter helfen sollen, die Markenwelten von Unternehmen im Rahmen eines Attraktionsspektrums erlebbar zu machen.

Anders als bei Events, die zeitlich begrenzt sind, entstehen erlebbare Themenwelten von unbegrenzter Dauer.

Einerseits gelten sie als Weiterentwicklung kleinerer Events, die diese sinnvoll ergänzen sollen, andererseits werden sie mit anderen Kommunikationsinstrumenten in die Unternehmenskommunikation integriert.[94]

Die Einmaligkeit, die so wichtig für das Marketing-Tool „Event" ist, bleibt durch variierende Attraktionen erhalten. Des Weiteren erlebt jedes Individuum die Ereignisse anders.

Einer der bekanntesten Pioniere in Deutschland ist das Unternehmen „Volkswagen". VW konnte bis heute 2,3 Millionen Besucher in der Autostadt Wolfsburg begrüßen[95], 1,3 Millionen mehr als erwartet.

---

[93] http://www.morgenpost.de/content/2008/03/03/wirtschaft/949974.html, zugegriffen 04.03.2008

[94] Vgl. Gerd Nufer, 2006, Event-Marketing, Theoretische Fundierung und empirische Analyse unter besonderer Berücksichtigung von Imagewirkung, Deutscher Universitäts- Verlag, 2. Auflage, S. 30/31

[95] http://www.brandchannel.com/images/papers/brandlands.pdf, zugegriffen 04.03.2008

Das allein zeigt wie positiv die Konsumenten diese neu zu erlebende Welt annehmen. Es geht darum die Konzerne und Unternehmen für die Kunden zu öffnen, Transparenz zu schaffen, neue Kunden zu gewinnen und bestehende an sich zu binden. „Wolfsburgs neue Autostadt setzt Massen-Mobilität in Szene. Eine edel, gestylte Mischung aus Disneyland, raffinierter Verkaufsschau, ein bisschen Museum, Kunstausstellung und Panoptikum, Kongresshaus und nicht zuletzt Kundenzentrum für die Auto-Auslieferung an besitzstolze Neuwagenkäufer"[96]. Es geht primär um die Umsetzung von Kernkompetenzen und diese als drei-dimensionale Attraktionen zu inszenieren.[97]

Ziel einer Markenwelt ist es, undurchsichtige und komplexe Unternehmen für seine Partner, Kunden und Verbraucher verständlich und einsichtig zuzeigen. Die Markenwelt öffnet das Unternehmen nach außen.

Es sollen Visionen, Sichtweisen und Perspektiven von Unternehmen vorgestellt und verdeutlicht werden. Doch nicht nur Industriegüterkonzerne benützen das Markenweltkonzept um ihre Marken emotional erlebbar zu machen, auch Medienhäuser wie „Hubert Burda Media" oder der Kosmetikhersteller „Beiersdorff AG" sind von der positiven Wirkung eines solchen Konzeptes überzeugt.

„Brand Lands" haben gegen über klassischen Kommunikationsmitteln einen herausragenden Vorteil: Marken können um einen Erlebniswert „angereichert" werden. Dieser Wert ist in unserer heutigen Erlebnisgesellschaft immens wichtig geworden. Die „traditionelle Werbung lässt zwar „Vorstellungen" von den Kräften eines Lamborghini entstehen, das „Erlebnis" entsteht jedoch nur in der „Wirklichkeit", z.B. während einer Probefahrt oder in einer dreidimensionalen und omnisensorischen (verbal-informativ, bildlich-medial, haptisch-interaktiv[98]) Inszenierung"[99].

---

[96] Vgl. Eberhard Krummheuer, Lust auf Auto, Handelsblatt (Wochenendeausgabe), 26/27.05.200

[97] Vgl. Prof. Dr. Manfred Kirchgeorg, Christiane Springer, Christian Brühe, 2007, Effizienz und Effektivität der Live-Kommunikation im branchenübergreifenden Vergleich, in Event Marketing, Hrsg. Dr. Oliver Nickel, Franz Vahlen Verlag, 2. Auflage, S. 70

[98] http://www.natur-ooe.at/natur_ooe/media/pdf_content_natur/KriterienlisteSchumacher.pdf, S. 3, zugegriffen 03.04.2008

[99] Vgl. Norbert Altenhoner, 2001, Industrieerlebniswelten - Vom Standort zur Destination, Hrsg. Hans H Hinterhuber, Erich Schmidt Verlag, S. 226

Durch „Brand Lands" bieten sich, im Vergleich zu den traditionellen Kommunikationsinstrumenten, Chancen, die bis dahin unerreichten Kontaktintensitäten, die absolut beeinflussbaren Assoziationen und Konationen zu nutzten. Damit sollen die Arten von Erlebnissen geschaffen werden, die mit den Werten der Marken in Verbindung gebracht werden sollen.[100] Durch das aktive Erleben wird die durch die Werbung aufgebaute Vorstellungswelt einer Marke in die Alltagswirklichkeit übertragen.

Das aktive „Marken-Erleben" führt über Lernprozesse zu einer längeren Wirkungsweise und könnte sich so auf das Kaufverhalten auswirken.[101]

---

[100] Vgl. Norbert Altenhoner, 2001, Industrieerlebniswelten - Vom Standort zur Destination, Hrsg. Hans H Hinterhuber, Erich Schmidt Verlag, S. 226

[101] Vgl. Prof. Dr. Manfred Kirchgeorg, Christiane Springer, Christian Brühe, 2007, Effizienz und Effektivität der Live-Kommunikation im branchenübergreifenden Vergleich, in Event Marketing, Hrsg. Dr. Oliver Nickel, Franz Vahlen Verlag, 2. Auflage, S. 77

6   Zusammenfassung

Um die Vorteile des Eventmarketings noch einmal zu unterstreichen, möchte ich einen direkten Vergleich zwischen klassischer und innovativer Kommunikation ziehen.

Klassische Kommunikation ist vom passiven Verhalten geprägt, man liest sich die Anzeige emotionslos durch und lässt sich von der TV Werbung berieseln.

Bei den dreidimensionalen Erlebniswelten oder Events geht es jedoch um Interaktion, die Kunden werden mit eingebunden und sind aktiv am Geschehen beteiligt.

Es wird ein Kunden-„Dialog" geführt und nicht ein einfacher Werbe-„Monolog".

Der Konsument wird als Individuum gesehen und geht nicht in der Anonymität der Masse unter.

Er hat die Möglichkeit aus der Alltagssituation zu entfliehen und sich in das „Live-erlebbare" Abenteuer „zu stürzen".

Events haben die Möglichkeit die pure Informationsvermittlung mit Emotionen zu füllen und so den Konsumenten mit Gefühlen an ihre Marken zu binden.

Sie bieten die Möglichkeit die Eindimensionalität der klassischen Kommunikation nun dreidimensional und multisensual erlebbar zu machen.[102]

Es werden auf individueller Ebene und durch Interaktionsprozesse Erlebnisse konstruiert, die eine „Eventwirklichkeit" entstehen lassen.

Die Erlebniswelten der Marken werden zu eigenen Erlebniswelten der Eventteilnehmer.

Durch Studien konnten besondere Aktivierungspotentiale bei der „Übernahme von Kontaktrollen und Leistungsrollen durch die Teilnehmer identifiziert werden"[103]. Es wurde bewiesen, dass sich durch das aktive Handeln der Konsumenten eine erhöhte Erinnerungsleistung einstellt und das Eventerlebnis positiv im Gehirn mit der Marke verbunden wird.

---

[102] Vgl. Prof. Dr. Manfred Kirchgeorg, Christiane Springer, Christian Brühe, 2007, Effizienz und Effektivität der Live-Kommunikation im branchenübergreifenden Vergleich, im Werk Event Marketing, Hrsg. Dr. Oliver Nickel, Franz Vahlen Verlag, 2. Auflage, S. 98

[103] Prof. Dr. Cornelia Zanger, 2007, Eventmarketing als Kommunikationsinstrument – Entwicklungsstand in Wissenschaft und Praxis, in Event Marketing, Hrsg. Dr. Oliver Nickel, Franz Vahlen Verlag, 2. Auflage, S. 7

Das Erfolgspotenzial des Eventmarketings liegt auf zwei Ebenen. Erste Ebene: operativen Ebene, bei dem sich die Events vor allem auf die Kontaktziele richten, sowie kurzfristige Kommunikationsziele, wie Aktivierung, Aufmerksamkeit, Wahrnehmung von Botschaften und Zufriedenheit. Zweite Ebene: strategische Ebene, bei dem das Event-Marketing ein wichtiges Instrument für das Markenimage und Markenbildung ist.[104]

Ob das „neue" Medium Internet, durch sein Erschaffen von fiktiven Welten, wie „Second Life", den „Live- Charakter" in der realen Welt ablösen wird, ist eher unwahrscheinlich. Vielmehr wird das Internet als Unterstützendes Instrument für die Vor- und Nachbereitung herangezogen.

Durch unterschiedliche Sichtungsweisen, die diese Arbeit betrachtete, konnte festgestellt werden, dass Events eine ganz bestimmt Wirkung auf den Menschen und somit für die Kommunikation hat.
Es muss jedoch festgestellt werden, dass auch das Eventmarketing im Moment noch keine Zauberformel für alle Probleme ist.
Auch das Eventmarketing kann nur effektiv wirken, wenn es zusammen mit den klassischen Kommunikationsinstrumenten eingesetzt und die Evaluation gewissenhaft durchgeführt wird.
„Die Optimierung des Kommunikations-Mix zur Erreichung der verfolgten Unternehmensstrategie setzt die Kontrolle des Kommunikationserfolges voraus"[105]. Denn wer vom Eventmarketing profitieren möchte, sollte sich für eine systematisch, geplante und strategische Ausrichtung dieses Tools entscheiden.
Das Event-Controlling übernimmt dabei eine wichtige Funktion, denn es geht um mehr „ als nur Köpfe zählen", es geht um die Kommunikationswirkung. Wird diese nicht überprüft und ausgewertet, steht Effektivität und Effizienz dieses innovativen Kommunikationsinstrumentes auf dem Spiel.[106]

---

[104] Vgl. Prof. Dr. Cornelia Zanger, 2007, Events als Instrument der Markenkommunikation, in: Handbuch Markenkommunikation, Hrsg. Arnold Hermanns, Tanja Ringle und Pascal C. van Overloop, Franz Vahlen Verlag, 1. Auflage, S. 285

[105] Vgl. Prof. Dr. Cornelia Zanger, 2007, S. 286, siehe a. a. O.

[106] Vgl. Sigrun Erber, 2005, Eventmarketing – Erlebnisstrategie für Marken, miFachverlag, S. 114

Der Hauptgrund für die fehlende Evaluation, die nach der LiveTrend Studie[107] nur jedes zweite Unternehmen durchführt, sind die fehlenden Messinstrumente, die Zeit und Kostenproblematik, sowie der Standpunkt, dass Live-Kommunikation nicht messbar ist.

Doch auch wenn es noch kein veröffentlichtes und universelles Messinstrument gibt, sollten sich Unternehmen im Klaren sein, dass sie sich jede Marketingaktivität sparen können, wenn man diese nicht auswerten und den daraus resultierenden Erfolg messen kann.

Das bedeutet, dass sich jedes Unternehmen erst einmal ein eigenes Messinstrument schaffen muss, um die Wirkung des innovativen Kommunikationsinstruments messen zu können.

---

[107] Vgl. Prof. Dr. Cornelia Zanger, 2007, Events als Instrument der Markenkommunikation, in: Handbuch Markenkommunikation, Hrsg. Arnold Hermanns, Tanja Ringle und Pascal C. van Overloop, Franz Vahlen Verlag, 1. Auflage, S. 28

7   Zukunftsaussichten

Unternehmen und Agenturen müssen sich bewusst sein, dass das Eventmarketing keine Zauberformel für alle Kommunikationsprobleme ist. Wie alle Marketingaktivitäten muss auch dieses Instrument richtig angewendet und absolut in die eigene Kundenstrategie integrieren werden. Erst wenn das Event-Marketing auf das eigene Unternehmen bzw. den Kunden abgestimmt wurde und umgekehrt, kann sich die Wirkung voll entfalten.

Bis heute existiert kein wirklich überzeugendes universell einsetzbares Konzept der Evaluierung. Die Auswertungsstrategien eines Events stecken noch in den Kinderschuhen und es ist schwer den Mehrwert eines Events auf eine Summe herunterzubrechen, die für die Führungsebene interessant ist.

Doch gerade in der heutigen Zeit schlägt die Stunde der unverwechselbaren Kommunikationsinstrumente.

Denn in der Zeit in der die meisten Produkte und Dienstleistungen austauschbar sind, die Distributionskanäle unsinnlicher und die Kommunikation immer medialer wird, fällt uns nichts mehr ein als alle Marken und Themen als Events zu inszenieren.

Vor einigen Jahren konnten einfache Inszenierungen mit Licht und Laser die Teilnehmer noch begeistern, doch die Erwartungen der Kunden werden immer höher, die Eventteilnehmer immer knapper und die Einladungen zu den „spektakulärsten" Events immer mehr.

Probleme, die in der Zukunft entstehen könnten, wäre eine Übersättigung des Eventmarktes. Doch hat uns nicht der Überfluss an Kommunikationsmaßnahmen erst zu diesem innovativen Instrument geführt? Alle reden von Events; denn wenn „wir" ein Event veranstalten scheinen alle unsere Probleme gelöst zu sein und unsere Kunden rennen uns dass Haus ein, weil sie ja jetzt emotional an uns gebunden sind.

Ich glaube jedoch, dass es auch umgekehrt der Fall sein kann, denn „der Mensch an sich" reagieren allergisch auf „zu viel" und „wir-kopieren-einfach-mal-die-Anderen".

Die Konsumenten werden verwöhnt, sie wollen bald nicht mehr nur ein „normales" Event für jedermann oder eines mit „einfachen" Effekten. Sie haben immer höhere Ansprüche und wenn Events diesen nicht entsprechen, werden sie abgelehnt.

Obwohl einige Marketingexperten davon ausgehen, dass auch in weitere Zukunft die Eventbranche boomen wird und zwar mit mehreren kleinen und weniger kostspieligen Events[108], bin ich der Meinung, dass es eher in die andere Richtung gehen könnte.

Es wird vielleicht wieder so kommen, dass sich nur die großen, millionenschweren Unternehmen Events leisten können, denn nur die können den immer höher werdenden Ansprüchen der Kunden gerecht werden.

Auch die Marketingaktivitäten „Sponsoring" und „Product Placement" - Aktionen werden häufiger in den Marketingstrategien der Unternehmen zu finden sein, doch können sie die Events als optimales Tool durch die in der Arbeit aufgezeigten Vorteile nicht ablösen.

---

[108] Vgl. Prof. Dr. Cornelia Zanger, 2007, Eventmarketing als Kommunikationsinstrument – Entwicklungsstand in Wissenschaft und Praxis, in Event Marketing, Grundlagen und Erfolgsbeispiele, Herausgeber Dr. Oliver Nickel, Franz Vahlen Verlag, 2. Auflage, S. 14

III

Die Wirkung des Eventmarketings in der Markenkommunikation

Quellenverzeichnis

Literatur:

- Prof. Dr. Foscht, Thomas und Prof. Dr. Bernhard Swoboda, 2007, Käuferverhalten, Grundlagen – Perspektiven – Anwendungen, Gabler Verlag, 3. Auflage

- Hänel, Felix, 2007, Event-Marketing als innovatives Instrument der Kommunikationspolitik, Grin Verlag

- Holzhauer, Brigitte, 2007, Marktbeobachtung – Trendsignale zeitig erkennen und Marktchancen nutzen, Cornelson Verlag Scriptor GmbH & Co. KG, 1. Auflage

- Hohn, Stefanie, 2006, Public Marketing – Marketing-Management für den Öffentlichen Sektor, Gabler Verlag

- Häusel, Georg, 2007, Neuromarketing, Erkenntnisse der Hirnforschung für Markenführung, Werbung und Verkauf, Haufe Verlag

- Kaase, Max, 2001, Massenkommunikation und Massenmedien, Gabler Verlag

- Prof. Dr. Kirchgeorg, Manfred; Springer, Christiane und Brühe, Christian, 2007, Effizienz und Effektivität der Live-Kommunikation im branchenübergreifenden Vergleich, in Event Marketing, Hrsg. Dr. Oliver Nickel, Franz Vahlen Verlag, 2. Auflage

- Linxweiler, Richard, 2004, Marken-Design – Marken entwickeln, Markenstrategien erfolgreich umsetzten, Gabler Verlag, 2. Auflage

- Prof. Dr. Nickel, Oliver und Prof. Dr. Esch, Franz-Rudolf, 2007, Markentechnische und verhaltenswissenschaftliche Aspekte erfolgreicher Marketing Events, in: Event Marketing, Hrsg. Prof. Dr. Oliver Nickel, Franz Vahlen Verlag, 2. Auflage

- Nufer, Gerd 2006, Event-Marketing, Theoretische Fundierung und empirische Analyse unter besondere Berücksichtigung von Imagewirkung, Deutscher Universitäts- Verlag, 2. Auflage

- Oesterdiekhoff, Georg W. und Jegelka, Norbert, 2001, Werte und Wertewandel in westlichen Gesellschaften, VS Verlag

- Ottler, Simon, 1998, Zapping: Zum selektiven Umgang mit Fernsehwerbung und dessen Bedeutung für die Vermarktung von Fernsehwerbezeit, Deutscher Universitätsverlag

- Roth, Simone, 2004, Akustische Reize als Instrument der Markenkommunikation, in: Marken- und Produktmanagement, Hrsg.: Esch, Franz-Rudolf; Decker, Reinhold; Herrmann, Andreas; Sattler, Henrik; Woratschek, Herbert, Gabler Edition Wissenschaft, Deutscher Universitäts Verlag

- Scharfe, Saskia M. und Prof. Dr. Paschke, Marian, 2006, Eventmarketing – Urheber- und gewerblicher Rechtsschutz, Deutsches – und Internationales Wirtschaftsrecht,, LIT Verlag Hamburg, Band 46

- Schäger-Mehdi, Stephan, 2006, Event-Marketing – Kommunikationsstrategie, Konzeption und Umsetzung, Dramaturgie und Inszenierung, Cornelsen Verlag, 2. Auflage

- Dr. Schleier, Christian und Held, Dirk, 2007, Was Marken erfolgreich macht, Neuropsychologie in der Markenführung, Rudolf Haufe Verlag GmbH, Plannegg München

- Sistenich, Frank, 1999, Event-Marketing, Ein innovatives Instrument zur Metakommunikation in Unternehmen, Deutscher Universitätsverlag

- Sommer, Rudolf, 2007, Cumsumer´s Mind, Die Psychologie des Verbrauchers, Edition Horizont, Deutscher Fachverlag GmbH,

- Sträßer, Anne-Katrin, 2001, Eventmarketing – Neue Wege der Kommunikation, Books on Demand

- Prof. Dr. Zanger, Cornelia, 2007, Eventmarketing als Kommunikationsinstrument – Entwicklungsstand in Wissenschaft und Praxis, 2007, in: Event-Marketing - Grundlagen und Erfolgsbeispiele, Hrsg. Prof. Dr. Oliver Nickel, Franz Vahlen Verlag , 2. Auflage

Internet:

- Ana – Association of National Advertisers

  http://ana.net/

- Brandchannel – The World´s only online exchange about branding

  http://www.brandchannel.com

- Different – Strategieagentur

  http://www.diffferent.de/download/download.php

- Eventreport

  http://www.eventreport.eu/

- Erfolgsfaktoren des Erlebnismarketings

  http://www.phoenix-witra.de

- Literaturkritik

  http://www.literaturkritik.de

- Marketingmarktplatz - Nachrichten, Studienberichte und Fachwissen

  für Marketer und Manager

  http://www.marketingmarktplatz.de

- Marketing Trends

  http://www.mkt-trends.com/studie/event-marketing

- Marken- Marekting – Management Portal

  http://www.themanagement.de

- Markenlexikon - größtes

  Markenportal im deutschsprachigen Raum mit Markenwissen

  http://www.markenlexikon.com

- Marketing.ch – Das Fachportal für Marketingverantwortliche

  http://www.marketing.ch/

- Mimi.hu

  http://de.mimi.hu/marketing

- Morgenpost online

  http://www.morgenpost.de

- Online Lexikon, Business Wissen; Strategien

  http://www.business-wissen.de/

- Red Bull Energy Drink – offizielle Website

  http://www.redbull.com

- Süddeutsche Zeitung online

  http://www.sueddeutsche.de

- Technische Universität Chemnitz

  http://www.tu-chemnitz.de

- Technische Universität Dresden

  http://www.tu-dresden.de

- Tourismus Counsulting GmbH

  http://www.natur-ooe.at/

- Mc Wise Consulting GmbH

  http://www.mcwise.at

- World Advertising Research Center

  http://www.warc.com

- World of Quotes, Historic Quotes and Proverb Archive

  http://www.worldofquotes.com

- Universität Regensburg

  http://www.uni-regensburg.de/

- Roth und Lorenz – Corporate Events

  http://www.rothundlorenz.de

Zeitungsbeiträge

- Krummheuer, Eberhard Lust auf Auto, Handelsblatt
  (Wochenendeausgabe), 26/27.05.200

Firmenveröffentlichungen

- Colja M. Dams, 2007, Vok Dams Studie, Die Megatrends im
  Live-Marketing,

Die Wirkung des Eventmarketings in der Markenkommunikation

Anlagenverzeichnis

Anlage 1

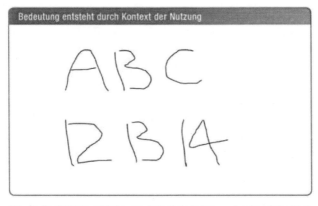

Abb. 19: Die Abbildung zeigt, dass der Kontext die Bedeutung eines Signals bestimmt. Selbst wenn wir wissen, dass die Information in der Mitte in beiden Zeilen identisch ist, sehen wir je nach Kontext den Buchstaben B oder die Zahl 13.

Quelle:

Dr. Christian Schleier und Dirk Held, 2007, Was Marken erfolgreich macht – Neuropsychologie in der Markenführung, Rudolf Haufe Verlag, S. 62

Anlage 2

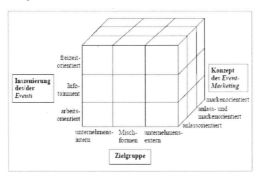

Abbildung 1: Dreidimensionale Typologie der Event-Marketing-Formen (in Anlehnung an: Zanger/Sistenich (1996), S. 235)

Quelle:

Gerd Nufer, 2006, Event-Marketing, Theoretische Fundierung und empirische Analyse unter besonderer Berücksichtigung von Imagewirkung, Deutscher Universitätsverlag, 2. Auflage, S. 40